신문이 보이고 뉴스가 들리는 ③
재미있는 **법 이야기**

신문이 보이고 뉴스가 들리는 ❸
재미있는 **법 이야기**

개정판 1쇄 발행 | 2014년 3월 21일
개정판 14쇄 발행 | 2025년 4월 17일

지 은 이 | 한국법교육센터
그 린 이 | 김지훈

펴 낸 곳 | (주)가나문화콘텐츠
펴 낸 이 | 김남전
편 집 장 | 유다형
편   집 | 김아영
디 자 인 | 양란희
마 케 팅 | 정상원 한웅 정용민 김건우
관   리 | 김경미

출 판 등 록 | 2002년 2월 15일 제10-2308호
주   소 | 경기도 고양시 덕양구 호원길 3-2
전   화 | 02-717-5494(편집부) 02-332-7755(관리부)
팩   스 | 02-324-9944
홈 페 이 지 | ganapub.com
이 메 일 | ganapub@naver.com

ISBN 978-89-5736-659-2 (74360)

*책값은 뒤표지에 표시되어 있습니다.
*이 책의 내용을 재사용하려면 반드시 저작권자와 (주)가나문화콘텐츠 양측의 동의를 얻어야 합니다.
*잘못된 책은 구입하신 서점에서 바꾸어 드립니다.

*'가나출판사'는 (주)가나문화콘텐츠의 출판 브랜드입니다.

- 제조자명 : (주)가나문화콘텐츠
- 주소 및 전화번호 : 경기도 고양시 덕양구 호원길 3-2 / 02-717-5494
- 제조연월 : 2025년 4월 17일
- 제조국명 : 대한민국
- 사용연령 : 4세 이상 어린이 제품

신문이 보이고 뉴스가 들리는 재미있는 법 이야기 ③

글 한국법교육센터 | 그림 김지훈

가나출판사

| 머 리 말 |

세상에서 가장
행복한 나라를 만들기 위해

어린이 여러분이 로빈슨 크루소처럼 아무도 없는 외딴 무인도에서 혼자 산다면 어떨까요? 아마 하고 싶은 대로 해도 뭐라고 할 사람이 없을 것입니다.

그러나 사람은 일생 동안 가정이나 사회, 국가와 같은 공동체 안에서 다른 사람과 어울려 살 수밖에 없습니다. 이러한 공동체 속에서 모두가 편안하고 행복하게 살기 위해서 구성원들이 서로 지키기로 한 것들이 있습니다. 예절, 도덕, 규칙 등이 바로 그런 것이며, 그중 가장 중요한 약속이 바로 법입니다.

만약 우리 모두가 예절과 도덕을 잘 지켜 나간다면 법은 필요하지 않을 수도 있습니다. 하지만 사람들 중에는 힘으로 남을 괴롭히거나, 자신의 이익만 생각하여 질서를 어지럽히는 나쁜 사람도 있습니다. 법은 이렇게 억울하게 피해를 입은 사람들을 돕고 나쁜 사람들을 정의의 이름으로 혼내 주는 우리들의 든든한 친구입니다.

그런데 '법'이라고 하면 무조건 딱딱하고 어렵고, 판사, 검사, 변호사와 같은 전문가들만 알면 되는 것으로 잘못 생각하고 멀리하는 경우가 많습니다.

또한 법은 '이렇게 해야 한다, 저렇게 해야 한다.', '이것을 하면 안 되고 어기면 처벌을 받는다.'는 등 행동을 규율하는 내용이 많아 불편하게 느껴지기도 합니다.

하지만 법은 국민들이 편안하고 행복하게 살기 위해 만든 것이므로 어렵지 않습니다. 법무부에서는 어린이 여러분이 어려서부터 법에 대해 관심을 갖고 친해질 수 있도록 조금이나마 도움이 되고자 이 책을 펴내게 되었습니다.

이 책은 법이 무엇이고 여러분을 보호하기 위해 어떤 역할을 하는지, 그리고 왜 지켜야 하는 것인지 등에 대해 만화와 이야기 형식으로 쉽고 재미있게 알려 주고 있습니다. 어린이 여러분이 이 책을 재미있게 읽고 '법은 어려운 게 아니야!', '법은 항상 나와 가까운 곳에 있구나!', '법은 지키면 행복해지는 것이구나!' 하고 느낄 수 있기를 기대합니다.

미래의 주인공인 어린이 여러분이 법의 정신과 역할을 마음에 깊이 새겨 정의롭게 행동하고 정정당당하게 약속을 지켜 나간다면, 우리나라는 이 세상에서 가장 행복한 나라가 되지 않을까요?

여러분 모두가 대한민국을 든든하게 지켜 나가는 자랑스러운 주인공들이 되기를 기대합니다.

법무부 범죄예방정책국 법질서선진화과

| 차 례 |

머리말 · 4

1장 법이 필요해요 · 10

규칙이 없는 세상을 향하여! · 12
왜 법이 필요해요? · 14
법이 없으면 어떻게 될까요? · 18
법은 언제부터 있었어요? · 20
우리나라 최초의 법, 8조법 · 24
법과 도덕의 차이가 뭐예요? · 26
법은 성문법과 불문법으로 나뉘어요 · 28
법은 공법, 사법, 사회법으로 나뉘어요 · 30
법에도 위아래가 있다고요? · 32
법은 누가 만들어요? · 34
지식 플러스 | 역사 속의 유명한 법들 · 36

2장 꼭 지켜야 하는 법 · 38

악법도 법이니까! · 40
왜 법을 꼭 지켜야 돼요? · 42
법으로 본 권리와 의무 · 44
법 중의 왕, 헌법 · 48
헌법의 내용은 뭐예요? · 50

헌법이 인권을 보장한다고요? · 54

법을 어기면 어떻게 돼요? · 56

사형 제도는 없애야 할까요, 유지해야 할까요? · 60

법적으로는 다툼을 어떻게 해결해요? · 62

다툼의 성격에 따라 재판이 달라요 · 66

지구촌 시대의 법, 국제법 · 70

나라 간의 분쟁은 어떻게 해결해요? · 74

지식 플러스 | 인권 보장의 역사 · 78

지식 플러스 | 재판정 한눈에 보기 · 80

3장 어린이와 청소년을 위한 특별한 법 · 82

청소년보호법을 위반하면 안 돼요! · 84

왜 어린이를 위한 법이 필요해요? · 86

아동복지법이 뭐예요? · 90

청소년보호법이 뭐예요? · 92

아동 · 청소년의 성 보호에 관한 법률 · 94

법을 어긴 어린이는 어떻게 돼요? · 96

소년이 무거운 죄를 지으면 어떻게 돼요? · 100

만 14세 미만의 형사 미성년자도 벌을 받아요? · 102

지식 플러스 | 청소년 유해 환경을 멀리하라! · 104

4장 학교 폭력과 성폭력에 대한 법 · 106

학교 폭력은 법으로 금지되어 있다고요? · 108

학교 폭력이 뭐예요? · 110

집단 괴롭힘도 학교 폭력이에요 · 112

학교 폭력을 가하면 어떻게 돼요? · 114

학교 폭력을 당하면 어떻게 해야 돼요? · 116

성폭력이 뭐예요? · 118

성폭력은 무거운 범죄! · 122

성폭력으로부터 서로를 지켜 주려면 어떻게 해야 돼요? · 124

5장 우리 생활 속의 법 · 126

우리 생활 속에는 다양한 법이 있어요 · 128

소비자는 법의 보호를 받아요 · 130

미성년자도 계약을 할 수 있어요? · 134

스쿨 존이 뭐예요? · 136

학교 급식에도 법이 적용된다고요? · 138

과외 수업을 할 때 신고해야 하나요? · 140

주운 물건을 사용하면 안 된다고요? · 142

사이버 공간에도 법이 있어요? · 144

저작권이 뭐예요? · 148

가정생활에도 법이 필요해요 · 150

가정 폭력이 일어나면 어떻게 해야 돼요? · 154
지식 플러스 | 별난 법, 재미있는 법 · 156

6장 | 법을 만들고 지키는 국가 기관 · 158

법을 수호하라! · 160
법을 만드는 국회 · 162
공정한 재판을 하는 법원 · 164
헌법에 대한 분쟁을 해결하는 헌법재판소 · 166
법무 행정을 맡아보는 법무부 · 168
범죄를 수사하고 재판을 청구하는 검찰청 · 170
경찰 업무를 맡아 하는 경찰청 · 172
법제처와 대한법률구조공단 · 174

사진 출처 · 176
찾아보기 · 177
대한민국 헌법 · 179

1장 법이 필요해요

여러분은 법이 무섭고 어렵고 재미없다고 생각해요?
법이 무엇이며, 누가 언제 만들었을지 궁금하지 않아요?
알고 보면 재미있고 유익한 법 이야기.
우리 같이 법 이야기 속으로 들어가 볼까요?

규칙이 없는 세상을 향하여!

1장 왜 법이 필요해요?

사람과 공동체 생활

'사람은 만물의 영장이다.'라는 말을 들어 본 적 있나요? 이 말은 사람은 다른 무엇보다 뛰어난 존재라는 뜻이에요. 하지만 다른 한편으로는 너무 나약한 존재이기도 하지요. 사람은 혼자 모든 일을 해결할 수 없어요. 그래서 서로 힘을 모아 함께 살게 된 거예요.

사람이 사람답게 살고, 보다 큰일을 이루어 내고, 서로 도움을 주고받기 위해서는 반드시 공동체 생활이 필요해요. 사람들은 서로 돕고 더불어 살기 위해서 공동체를 만들었어요.

가족, 학교, 우리가 살고 있는 지역 사회들이 모두 공동체이지요. 여러 공동체 중 우리 사회생활과 가장 밀접하게 관련되어 있는 것은 무엇일까요?

그것은 바로 국가랍니다. 국가는 일정한 지역에 거주하는 사람들에 대해 최고의 통치권과 강제력을 행사하는 가장 중요한 공동체예요.

물론 20세기 이후에 나라 간의 교류

국제연합 사무국

국제연합 국기

가 급속히 확대되면서 국제연합(UN)이나 유럽연합(EU)처럼 국가보다 큰 공동체도 생겼어요. 이러한 공동체로 인해 세계화, 지구촌화가 빠르게 진행되고 있지요.

규범의 필요성

여러 사람이 함께 생활하다 보면 다른 사람과 생각이 다른 경우가 많아요. 이때 모두가 자기 마음대로 행동한다면 서로 간에 다툼이나 갈등이 생길 수 있어요.

이러한 다툼이나 갈등을 해결하고 공동체 생활의 질서를 유지하기 위해서는 사람들이 지켜야 할 기준이 필요해요.

이 기준을 우리는 '규범'이라고 불러요. 규범은 공동체 구성원들이 서로의 안전과 행복을 위해 만든 사회적 약속이랍니다.

규범이라는 말이 다소 어렵게 느껴지나요? 그렇다면 이렇게 생각해 보면 어떨까요? 우리가 알고 있는 규칙, 약속, 전통, 윤리, 도덕, 법 등을 모두 통틀어 말하는 것이 규범이라고요. 어때요, 조금은 쉬워졌지요? 그럼 이제부터 우리 주변에 어떤 규범들이 있는지 살펴볼까요?

가정에는 가훈, 학교에는 교칙, 국가에는 법

모두가 행복하게 살기위해 지켜야 하는 규범에는 여러 가지가 있어요. 가정에는 집안 대대로 내려오는 가훈이나 가풍이 있고, 학교에는 학생들과 선생님이 따라야 하는 교칙이 있지요.

마찬가지로 국가라는 공동체에도 모든 국민이 질서 있게 생활하기 위한 규범이 반드시 필요해요. 여러 규범들 가운데 가장 중요한 것이 바로 '법'이랍니다.

법은 사회 구성원들의 합의로 만들어져 강제적인 성격을 가진 규칙이에요. 법을 지키지 않으면 국가가 나서서 벌을 주지요. 여기에서 말하는 법이란 우리나라의 최고의 법인 헌법과 국회에서 만든 법률 등을 가리킨답니다.

1장 법이 없으면 어떻게 될까요?

똑같이 죄를 지었는데 어떤 사람은 부자여서 풀려나고, 어떤 사람은 가난해서 잡혀갔다고 생각해 보세요. 정말 불공평하지요? 이 세상에 법이 없다면 이런 일이 일어날 거예요.

이처럼 사회에 법이 존재하지 않는다면, 사람들 사이에 다툼이 생겼을 때 힘이 센 사람이 힘이 약한 사람에게 늘 이길 거예요. 또 권력을 가졌거나 부자인 사람이 사회적으로 힘이 없는 사람의 권리와 자유를 빼앗는 것을 막을 수 없을 거예요.

이런 일이 생긴다면 정의롭지 못하고 불평등한 사회가 되겠지요. 정의롭지 못한 사회에서는 자신이 노력한 만큼 보답을 받지 못하기 때문에 어느 누구도 열심히 일하거나 올바른 행동을 하지 않으려고 할 거예요.

그래서 법이 필요해요. 법은 사람들이 부당한 행동을 하지 못하게 하여 정의로운 사회를 만드는 역할을 하지요.

만약 어떤 사람이 잘못된 행동을 하고 질서를 어지럽히면 어떻게 할까요? 국가에서는 법의 힘을 발휘하여 잘못을 저지른 사람에게 강제로 벌을 주게 돼요.

법은 정의를 실현하기 위해 존재하는 것이에요. 모두에게 평등하지요. 또 잘못된 행동을 하는 사람 누구에게나 똑같이 적용되는 강제적이고 규범적인 힘이에요. 이것이 법의 특징이랍니다.

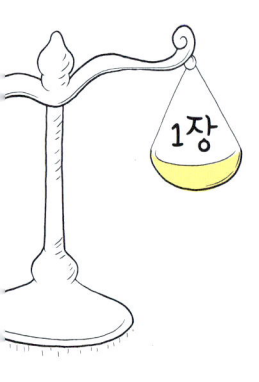

1장 법은 언제부터 있었어요?

사람들은 원시 시대부터 공동체 생활을 해 왔어요. 공동체 생활 속에서 더 나은 삶을 살기 위해 사람들은 규범을 만들었지요.

공동체가 점점 커져 국가를 이루기 시작하면서 규범도 점점 발달하여 법으로 발전했어요. 그래서 법의 역사는 인류의 역사와 거의 일치한답니다. 즉, 법은 아주 오래전부터 우리의 주변에 있었던 것이지요.

옛날 우리나라의 법

우리나라에도 오랜 옛날부터 고유의 법이 있었어요. 역사책에 기록된 내용을 보면, 우리나라 최초의 국가인 고조선은 8조법이라는 법으로 나라를 다스렸어요.

삼국 시대에는 중국의 법을 참고로 해서 법을 만들었어요. 특히 신라의 법은 매우 엄격해서 살인을 저지르면 똑같이 그 사람의 목숨을 빼앗고, 물건을 훔치면 그 손해를 물게 했어요. 고구려에서도 법을 어기면 엄격하게 처벌했어요. 그래서 사람들은 길에 떨어진 물건조차 함부로 줍지 않았다고 해요.

또 고려 시대에는 당나라의 법을 참고로 하여 만든 율법 71개조가 있었고, 조선 시대

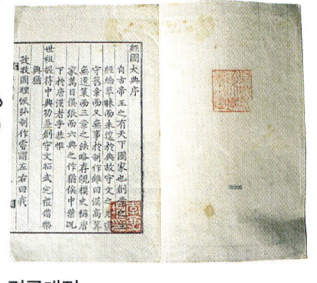

경국대전

우아! 우리나라도 세계 다른 나라에 전혀 뒤지지 않는 법 선진국이구나.

에는 우리 고유의 법을 글로 나타낸 경국대전이라는 최고의 법전이 있었어요. 경국대전을 통해 법체계를 잡았고, 각 지방마다 재판을 할 수 있는 여러 관청을 두었지요. 조선 말기에는 우리나라 최초의 근대 헌법인 '홍범 14조'가 만들어졌답니다.

로마에 가면 로마법을 따른다

로마는 긴 세월 동안 대제국을 건설하고 오랫동안 유럽 전체를 지배한 나라예요. 그래서 "세상의 모든 길은 로마로 통한다."는 말도 생겼지요.

고대 로마는 처음에는 작은 도시 국가였어요. 그런데 주변의 나라들을 무너뜨리면서 점점 대제국으로 발전해 나갔어요.

그 결과 로마 제국 안에는 수많은 민족이 함께 살게 되었지요. 그러다 보니 서로 의견이 맞지 않아 다툼이 자주 일어났어요.

원래 로마에는 로마 시민을 다스리는 시민법이 있었어요. 하지만 시민법으로 여러 민족을 통치하기는 쉽지 않았지요. 그래서 로마는 '만민법'이라는 새로운 법을 만들었어요.

만민법이라는 말에는 법을 '만민', 즉 모든 민족에게 공통으로 적용한다는 뜻이 담겨 있어요. 모든 민족을 다스릴 수 있는 법이기 때문에 만민법은 매우 객관적이고 합리적인 내용으로 구성되어 있지요.

만민법은 동로마 제국의 황제 유스티니아누스 1세의 '로마법 대전'으로 이어졌어요. 그 뒤 로마법 대전은 독일, 프랑스 등 유럽 각국에 전해져 더욱더 발전하게 되었답니다.

나라마다 법을 판결하는 방법

서양에는 법 제도가 잘 발달한 나라들이 많아요. 영국과 미국을 합한 영미법계 국가와 독일과 프랑스를 중심으로 한 대륙법계 국가들이에요.

영국에서는 사건이 발생한 후 재판을 거쳐 내려진 판결을 법이라고 생각해요. 그래서 후에 같은 사건이 일어나면 이전 재판에서 나온 결과를 그대로 적용하여 판결을 내려요. 이것을 '영미법계'라고 해요. 미국은 영국으로부터 독립한 나라이기 때문에 같은 법체계를 가지고 있어요.

한편, 프랑스나 독일 등의 유럽 대륙 국가에서는 법을 미리 만들어 놓고, 사건이 발생하면 그 법을 적용하는 방식의 법체계를 채택하고 있어요. 이것을 '대륙법계'라고 한답니다.

법계
다른 국가나 민족 사이에서 서로 영향을 주고받아 형성된 법의 계통.

로마법을 집대성한 유스티니아누스 1세

유스티니아누스 1세는 동로마 제국의 제9대 황제로, 유럽뿐 아니라 아프리카까지 영토를 넓혔어요. 그는 비잔틴 예술의 대표적인 건축물로 알려진 성소피아 성당도 건설했지요. 그의 업적 가운데 로마법을 세 차례에 걸쳐 집대성한 로마법 대전이 가장 뛰어난 업적으로 평가받고 있답니다.

유스티니아누스 1세(483~565년)

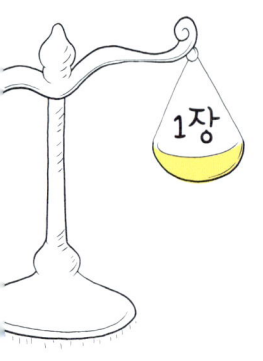

우리나라 최초의 법, 8조법

먼 옛날, 환웅이 비, 바람, 구름을 다스리는 신하와 3천 명의 무리를 데리고 하늘에서 태백산으로 내려왔어요. 환웅은 세상을 다스리다가 웅녀와 결혼하여 단군을 낳았지요. 그리고 단군은 우리나라 최초의 국가인 고조선을 세웠어요.

고조선은 점점 발전하면서 사회 질서를 지키기 위해 법을 만들었어요. 이 법이 우리나라 최초의 법인 8조법이에요.

8조법은 8개의 조항으로 된 고조선 시대의 법이에요. 오래전에 만들어진 법이기 때문에 아쉽게도 8개의 조항 중에서 3개의 조항만 전해지고 있어요.

'남을 죽인 사람은 사형에 처한다.'

'남을 때려 다치게 한 사람은 곡식으로 보상한다.'

'남의 물건을 훔친 사람은 그 물건의 주인집의 노예가 되어야 한다. 만약 풀려나려면 50만 전을 내야 한다.'

이 내용을 살펴보면 당시의 생활 모습을 알 수 있어요. 사람을 죽이면 사형에 처한 것으로 보아, 고조선은 생명을 소중히 여기는 사회였어요. 그리고 곡식으로 보상한다는 내용은 농경 사회였다는 것을 알려 주지요. 또 도둑질을 한 사람을 노예로 만든 것은 고조선의 계급 사회를 보여 주고, 돈으로 변상했던 것은 화폐가 있었다는 사실을 알 수 있게 해 주어요.

'법'의 한자 풀이와 해태

법(法)은 한자로 '물 수(水)' 자에 '갈 거(去)' 자를 합친 글자예요. 인간 사회를 물 흐르듯 순리대로 잘 돌아가게 하는 것이 법의 역할이라는 뜻이 담겨 있지요.

그런데 법의 옛날 글자(灋)를 살펴보면 물 수(水), 해태 치(廌), 갈 거(去)로 이루어져 있어요. '해태'를 뜻하는 글자가 들어 있지요. 해태는 사자와 비슷하게 생겼지만 머리 가운데에 뿔이 나 있는 상상의 동물이에요. 해태는 사물의 옳고 그름을 판별하여 나쁜 사람이나 부정한 사람을 알아보고 뿔로 받는대요. 그래서 해태를 재앙을 물리치는 신령스러운 짐승으로 여겨 국회 의사당, 대검찰청 등에 해태 석상이 서 있답니다.

옳고 그름을 판별하는 해태

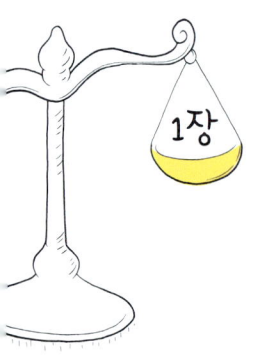

1장 법과 도덕의 차이가 뭐예요?

공동체의 질서를 유지하는 규범은 범위가 아주 넓어요. 규범 안에는 법뿐만 아니라 도덕도 있어요.

그럼 법과 도덕은 비슷한 것일까요? 그렇지는 않아요. 그렇다면 법과 도덕은 어떤 차이가 있는지 살펴볼까요?

예를 들어, 길을 가다가 동네 할아버지를 만났는데 인사를 하지 않고 그냥 지나쳤어요. 또는 전철이나 버스에서 할머니에게 자리를 양보하지 않고 친구들과 큰 소리로 떠들었어요. 이때 어른들로부터 버릇이 없거나 도덕의식이 없다고 혼이 날 수는 있지만, 벌을 받지는 않아요.

도덕은 인간으로서 지켜야 할 마음가짐과 행동이에요. 도덕을 지키지 않았다고 하여 함부로 잘잘못을 판단하고 벌을 줄 수는 없어요.

그렇지만 어떤 사람이 마음에 안 든다고 마구 때려 다치게 하거나, 어

법과 도덕의 차이

법	도덕
정의(正義)의 실현	선(善)의 실현
행동의 결과를 중시함.	양심이나 동기를 중시함.
강제성이 있음.	강제성이 없음.
타율성을 가짐.	자율성을 가짐.
법을 어기면 국가의 처벌을 받음.	도덕을 어기면 사회적 비난을 받음.

떤 물건을 갖고 싶어서 가게에서 그 물건을 훔쳤을 때는 어떻게 될까요? 이때에는 꾸지람만으로 그냥 넘어갈 수 없어요. 이것은 사회 질서나 공동체 생활에 피해를 주는 잘못된 행동이기 때문이에요.

  이러한 일이 발생하면 사람의 양심에 맡기는 도덕이 아니라, 강제력을 가진 법이 나서게 돼요. 나라가 개입하여 나쁜 행동을 한 사람에게 벌을 주고, 다시는 이런 일을 하지 않도록 하는 것이지요.

  수많은 도덕 중에서 국민이라면 누구나 꼭 지켜야 할 중요한 것들을 뽑아서 만든 것이 법이에요. 그래서 법을 '최소한의 도덕'이라고도 한답니다.

1장 법은 성문법과 불문법으로 나뉘어요

법은 어떤 모습일까요? 무엇이 법인지, 법이 어떻게 생겼는지 보여 주고 만져 보면 좋겠지만, 그렇게 할 수는 없어요. 왜냐하면 법은 공장에서 생산되는 물건이나 논밭에서 거두어들이는 농산물같이 눈에 보이는 것이 아니기 때문이에요. 하지만 법은 여러 가지 모습을 가지고 있어요.

법은 존재하는 모습에 따라 성문법과 불문법으로 나뉘어요.

성문법이란 문자로 적어 표현하고 문서의 형식을 갖춘 법이에요. '성문'이란 말은 글자로 써서 나타냈다는 뜻이지요. 즉 성문법은 글로 되어 있어서 실제로 읽고 확인할 수 있어요.

문서의 형식을 갖춘 성문법

성문법은 프랑스를 비롯한 유럽 대륙 국가들이 발전시킨 법으로, 우리나라도 성문법 제도를 채택하고 있어요.

이에 비해 불문법은 관습처럼 전해 내려오는 법이에요. 확실하게 글로 적혀 있지는 않지만, 모두 알고 있고 지켜야 한다고 생각하는 법을 말해요. 영국의 대헌장, 권리장전 등과 같이 역사적인 합의 또는 타협이 법으로 사용되는 경우이지요.

불문법은 크게 관습법과 판례법으로 나눌 수 있어요. 관습법은 오랜 세월 동안 국민들이 지켜 온 관습을 국가가 법으로

문서의 형식을 갖추지 않은 불문법

인정한 것이에요. 또 판례법은 같거나 비슷한 사건에 대하여 이전에 내려진 판결을 법으로 인정하고 따르는 것이에요. 영국, 미국, 오스트레일리아와 같은 나라들은 전통적으로 판례법과 관습법을 인정해 온 불문법주의 국가들이에요. 그런데 요즈음에는 불문법주의 국가들에서도 성문법을 적용하는 일이 많아지고 있답니다.

더 이상 왕의 독재는 없다, 권리 장전

권리 장전은 1688년 영국에서 일어난 명예혁명의 결과로 1689년에 탄생한 인권 선언이에요. 폭정을 휘두른 제임스 2세를 추방하고 윌리엄 3세를 국왕으로 추대하면서 의회를 통해 제정된 법이지요. 영국 의회 정치의 기초를 확립하고, 민주주의 정치의 기본 원리를 확립한 법이랍니다.

명예혁명 후 권리 장전을 승인하고 즉위한 윌리엄 3세

1장 법은 공법, 사법, 사회법으로 나뉘어요

법에는 여러 가지 다양한 종류가 있어요. 이렇게 다양한 법을 어떻게 나눌 수 있을까요?

법은 규율하는 생활 영역에 따라 크게 공법, 사법, 사회법으로 나뉘어요.

먼저 공법은 개인과 국가 간의 관계를 규율하는 법이에요. 공법에는 국민의 권리와 의무 및 국가의 통치 구조를 규정한 헌법, 어떤 행동이 범죄가 되는지 범죄가 된다면 어떤 벌을 받아야 하는지를 정해 놓은 형법, 재판의 절차를 정해 놓은 소송법, 행정 기관의 조직과 작용 및 구제에 대한 행정법 등이 있어요.

이에 비해 사법은 개인과 개인 간의 사적인 생활 관계를 규율하는 법이에요. 사법에는 가족 관계와 재산 관계를 정해 놓은 민법과 기업의 경제 생활 관계를 정해 놓은 상법 등이 있어요.

근대 이후 사람들의 경제 활동이 자유로워지고 자본주의가 발전함에 따라 경제가 성장했어요. 그에 따라 여러 가지 사회 문제가 생겼지요. 이러한 문제를 해결하기 위해 생긴 법이 사회법이에요. 사회법은 공법과 사법이 혼합된 법으로, 개인 생활에 국가가 개입하여 권리와 의무 관계를 정해 놓은 법이지요. 사회법에는 노동법과 사회 보장법, 경제법 등이 있어요.

법의 종류

공법	사법	사회법
헌법, 형법, 소송법, 행정법 등	민법, 상법 등	노동법, 사회 보장법, 경제법 등

국가와 개인 사이의 법, 공법

개인과 개인 사이의 법, 사법

공법과 사법이 혼합된 법, 사회법

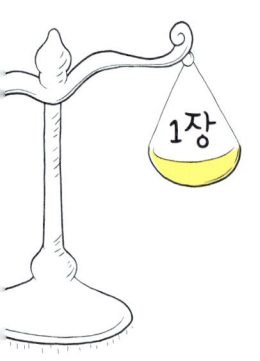

1장 법에도 위아래가 있다고요?

　법들 사이에도 질서와 체계가 있어요. 법은 규율하는 생활 영역의 크기에 따라 여러 단계로 되어 있답니다.

　가장 위에 있는 법은 헌법이에요. 헌법은 우리나라 최고의 법으로, 모든 법의 기준이 되지요. 국민의 뜻을 담고 있는 가장 기본적인 법이므로 헌법을 고치려면 국민 투표를 거쳐야 해요.

　그다음 단계는 법률이에요. 법률은 헌법에 어긋나지 않는 범위 내에서 국민의 대표인 국회의원이 모인 국회에서 만들어요. 이 법은 국민 생활 전반에 영향을 미치지요.

　법률보다 아래의 법은 명령으로, 행정부가 만들어요. 법률을 어기지 않는 범위에서 대통령, 국무총리, 행정의 각부 장관이 제정해요. 명령은 법률보다 낮은 단계의 법이지만, 법률을 시행하기 위한 세부적인 내용을 담고 있는 중요한 법이에요. 정책을 시행할 때 세세한 사항을 명령에 따라 적용하기 때문에 명령은 국민의 생활에 직접적인 영향을 미친다고 볼 수 있답니다.

　법의 단계 중 제일 아래에는 조례, 규칙 등의 자치 법규가 있어요. 이 자치 법규는 지방 의회와 지방 자치 단체장이 만들어요. 지역 주민들을 위한 여러 가지 일을 시행하는 기준이 되지요.

법과 정의의 상징, 정의의 여신상

로마 신화 속의 정의의 여신상은 오른손에는 저울을, 왼손에는 칼을 들고 있어요. 또 눈을 감았거나 눈가리개로 눈을 가리고 있지요. 저울은 공정성을 의미하고, 칼은 법의 힘 즉, 법 집행의 엄격함을 의미해요. 눈을 가린 것은 편견을 버린 공평한 심판을 의미하지요.

우리나라의 정의의 여신상은 로마 신화 속의 정의의 여신상과 같이 오른손에는 저울을 들고 있지만 왼손에는 칼 대신 법전을 들고 있어요. 눈은 가리지 않았지요. 법전은 말 그대로 법전 속의 법을 적용한다는 것을 의미해요. 눈을 뜨고 있는 것은 저울과 법전, 그리고 사실 관계를 정확히 본다는 의미랍니다.

우리나라 대법원에 있는 정의의 여신상

1장 법은 누가 만들어요?

'국민의, 국민에 의한, 국민을 위한 정부'라는 말을 들어 보았나요? 이 말은 민주주의의 원칙을 잘 설명하는 링컨 대통령의 유명한 말로, 민주주의 국가에서는 나라의 주인이 바로 국민이라는 뜻이에요.

국민이 국가의 중요한 사항이나 결정에 참여하는 방식에는 두 가지 제도가 있어요. 하나는 국민 모두가 국가의 중요한 사항을 직접 결정하고 집행 과정에 참여하는 직접 민주제가 있어요. 고대 그리스의 도시 국가에서는 직접 민주제를 채택했다고 해요.

그러나 온 국민이 모두 모여 법을 만들고, 나랏일을 돌보기에는 국가의 규모가 너무 커졌어요. 그래서 국민의 대표를 뽑아 그 대표들이 법을 만들게 했어요. 이것을 간접 민주제 또는 대의제라고 해요. 국민의 대표들이 모여 회의하는 곳이 국회이기 때문에 '의회 정치'라고 부르기도 하지요.

대부분의 법은 국회에서 만들어져요. 국회의 가장 중요한 기능 중의 하나가 법을 만드는 일이에요. 그래서 국회를 입법부라고도 부르지요.

그런데 모든 법을 국회에서 만들 수는 없어요. 그래서 헌법이나

법을 만드는 국회

아! 국회에서 법을 만드는구나!

법률에서 정한 범위 내에서 대통령, 국무총리, 각부의 장관들이 대통령령, 총리령, 부령을 만들 수 있게 했어요. 또 대법원, 헌법재판소, 중앙 선거 관리 위원회, 감사원 등은 규칙을 만들 수 있고, 지방 자치 단체는 정해진 범위 내에서 자치 규정을 만들 수 있는 권한이 있어요.

이처럼 법은 아무나 만드는 것이 아니에요. 법을 만들 권한이 있는 사람이나 기관만이 일정한 절차를 밟아 만들 수 있답니다. 그렇다면 법을 만들 권한은 누구에게 있을까요? 그 내용은 모두 헌법에 정해져 있어요.

그럼 우리나라의 헌법은 누가 만들까요? '국가의 권력은 국민으로부터 나온다.'는 '국민 주권주의 원칙'에 따라 국민만이 헌법을 만들 수 있어요. 그렇지만 모든 국민이 헌법을 만드는 일에 참여할 수는 없겠지요? 그래서 우리나라의 헌법은 국민의 대표자를 뽑아 구성한 제헌 의회에서 만들었답니다.

에이브러햄 링컨(1809~1865년)

전 세계 사람들의 존경을 받는 링컨

링컨은 미국의 제16대 대통령이에요. 남북 전쟁에서 북군을 이끌어 승리하면서 민주주의의 전통과 연방제를 지키고, 1863년에는 노예 해방을 선언했어요. 링컨은 자유를 부르짖으며 노예를 해방시키고 '국민의, 국민에 의한, 국민을 위한' 정부는 이 세상에서 사라지지 않을 것이라는 불멸의 연설을 남긴 위대한 지도자였답니다.

지식 플러스

역사 속의 유명한 법들

법은 사람들이 공동체를 이루며 모여 살기 시작하면서부터 있었어요.
인류의 역사상 유명한 법에는 어떠한 것들이 있는지 알아볼까요?

눈에는 눈, 이에는 이, 함무라비 법전

함무라비 법전에는 탈리오의 법칙이 나와 있어. '눈에는 눈, 이에는 이'라는 처벌 방법이지. 아이, 무서워~.

함무라비 법전은 기원전 1750년경 고대 바빌로니아의 함무라비 왕이 만들었어요. 함무라비 왕은 높이가 약 2미터 정도 되는 돌기둥에 법의 내용을 글자로 새겨 넣고 국민이 보게 하였어요. 이 법은 세계에서 가장 오래된 문자로 표시된 법이랍니다.

로마법의 기초, 12표법

기원전 450년경 로마는 그전까지 관습적으로 사용하던 법을 12개의 동판에 표로 기록하여 시장에 걸어 놓았어요. 이것이 바로 12표법이에요. 12표법이 만들어지면서 평민들도 법을 직접 눈으로 읽고 법의 내용을 알게 되어 자기의 권리를 주장할 수 있게 되었어요.

로마를 건국한 전설상의 영웅 로물루스가 로마 사람들에게 법의 중요성에 대해 알리는 모습

아무리 왕이라도 멋대로 할 수는 없지!

영국 대헌장, 마그나 카르타

마그나 카르타는 1215년 영국 왕이었던 존의 폭정에 견디다 못한 귀족들이 왕과 대결하여 자신들의 권리를 글로 작성해 놓은 문서예요. 왕의 마음대로 사람을 잡아가거나 세금을 거두어 가지 못한다는 내용이 들어 있어요. 국민의 자유와 권리를 지키기 위해 많은 사람들이 애써서 만든 법이지요.

대통령의 탄생, 미국 연방 헌법

미국 연방 헌법은 1787년 북아메리카 13개 주가 영국으로부터 독립하면서 만들었어요. 이 헌법에 의하여 1789년에 독립 전쟁의 영웅인 조지 워싱턴이 미국의 초대 대통령이 되었고, 정식으로 미국 연방 정부가 탄생했답니다.

민법의 뿌리, 나폴레옹 법전

1807년에 나폴레옹 1세가 만든 프랑스 민법을 나폴레옹 법전이라고 불러요. 이 법전이 채택하고 있는 소유권의 절대성, 계약 자유의 원칙, 과실 책임주의 등은 근대 시민법(近代市民法)의 기본 원리로, 그 후에 제정된 각 나라 민법의 근거가 되었어요.

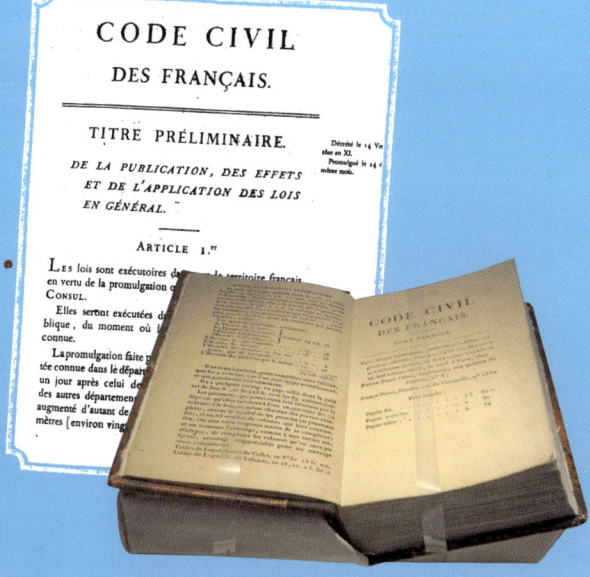

2장 꼭 지켜야 하는 법

법은 왜 꼭 지켜야 할까요?
법은 사회적 약속이므로 꼭 지켜야 해요.
그렇다면 법을 지키지 않으면 어떻게 될까요?
우리 함께 꼭 지켜야 하는 법에 대하여 생각해 봐요.

악법도 법이니까!

왜 법을 꼭 지켜야 돼요?

설이나 추석 때 자동차를 타고 시골 할머니 댁에 간 적이 있나요? 자동차들이 참 많지요? 그때 만약 도로에서 자기만 빨리 가겠다고 교통 법규를 지키지 않고 난폭하게 운전하는 사람이 있다면 어떻게 될까요?

다른 사람들이 불편을 겪을 수도 있고 큰 교통사고가 날 수도 있을 거예요. 즉, 자신의 이익만 생각해서 법이나 규칙을 지키지 않는다면 다른 사람들에게 큰 피해를 주게 돼요. 교통사고가 난다면, 남뿐만 아니라 자신도 피해를 입게 되고, 법을 어긴 정도에 따라 처벌을 받게 되지요.

이와 반대로 우리 각자가 교통 법규를 잘 지킨다면 어떻게 될까요? 모두 편하고 안전하게 목적지까지 갈 수 있게 될 거예요.

이 세상 대부분의 사람들이 자기 이익을 먼저 생각하고 마음대로 살고 싶어 해요. 하지만 자신의 이익만을 생각하고 법을 지키지 않으며 자기 마음대로 행동한다면 사회는 큰 혼란에 빠질 거예요. 즉 사람들이 법을 지키며 살아야 사회 질서가 유지되고, 편안하고 안전하며 행복한 삶을 살 수 있어요. 법은 잘 지킬수록 삶이 편리해지고 행복해져요. 이렇게 법을 잘 지키는 것은 우리의 행복과 밀접한 관련이 있지요.

모든 사람이 법을 잘 지키는 사회는 안정되고 정의로운 사회예요. 따라서 나 자신을 위해서, 나아가 우리 사회와 국가를 위해서 법을 잘 지키는 자세를 가져야 해요.

법으로 본 권리와 의무

사람은 살아가면서 여러 가지 일을 해요. 밥을 먹고, 옷을 입고, 잠을 자고, 공부를 하고, 친구들과 이야기를 하며 살아가지요. 사람은 늘 일을 하거나 다른 사람과 관계를 맺으면서 살아가고 있답니다. 이렇게 매일 하는 일이나 사람과 맺는 관계 가운데 법의 적용을 받는 일이 많이 있어요.

법률관계의 의미

문구점에서 학용품을 살 때를 생각해 볼까요? 내가 돈을 내고 주인으로부터 학용품을 건네받았어요. 이 사실을 '사실 관계'라고 해요. 이것을 법적으로 말하면 나와 주인은 학용품을 놓고 '매매 계약'을 한 것이고, 나의 돈과 주인의 학용품을 교환함으로써 매매 계약을 이행한 거예요.

어른이 되어 결혼할 때는 어떨까요? 결혼과 결혼 생활은 하나의 사실 관계라고 할 수 있어요. 결혼은 두 사람이 '계약'을 한 것이고, 결혼 생활을 잘해 나가는 것은 계약을 이행하고 있는 거예요.

법은 사람과 사람의 관계를 권리와 의무의 관계로 규율하므로 법률관계는 권리의무의 관계를 말해요. 우리에게는 교통 신호를 잘 지켜야 하는 의무가 있어요. 만약 무단횡단을 해서 다른 사람에게 피해를 입히면 배상을 해줘야 해요.

이처럼 우리가 살아가면서 남들과 맺는 여러 가지 관계가 법의 규율을 받게 될 때, 이것을 법률관계라고 해요. 법률관계는 대개 권리나 의무, 또는 명령이나 금지로 나타난답니다.

권리와 의무

그렇다면 권리와 의무는 무엇일까요?

권리란, 어떤 이익을 누릴 수 있도록 법이 인정하는 힘을 말해요. 그리고 의무란, 법이 우리에게 어떤 행위를 하라고 하거나 하지 말라고 부담을 지우는 것을 말해요. 우리는 많은 권리를 누리며 동시에 많은 의무도 지고 있어요.

어떤 사람이 버스를 타서 버스비를 냈다면 그 사람은 버스를 타고 목적지까지 갈 권리가 있어요. 버스 운전기사 아저씨에게는 승객을 목적지까지 태워다 줄 의무가 발생하지요. 또 남에게 돈을 빌려 주었다면, 돈을 빌려 준 사람은 돈을 되돌려 받을 권리가 생기고, 빌린 사람은 돈을 갚을 의무가 생겨요.

이런 식으로 법률관계가 발생하면 거의 대부분 한쪽에게는 권리가 생기고 다른 한쪽에는 의무가 생겨요.

이렇게 법률관계에서 발생한 권리와 의무를 행사할 때에는 사회적으로 인정할 수 있는 범위 안에서 행사해야 해요. 그 범위를 벗어나서는 안 돼요. 부당하게 권리를 행사하면 법의 보호를 받을 수 없게 되기 때문이에요. 또 의무를 이행할 때에는 상대방이 신뢰할 수 있도록 성실하게 이행해야 한답니다.

법 중의 왕, 헌법

국가가 안정되고 국민들이 잘살기 위해서는 국가를 운영하는 원칙이 필요해요. 국가 운영 원칙의 기초 역할을 하는 것이 법이며, 여러 가지 법 중에서 가장 기본이 되는 법이 헌법이지요.

헌법은 국민의 기본적인 권리를 보장하는 내용을 정해 놓은 법이에요. 국민의 자유와 권리를 보장하여 국민이 진정한 나라의 주인이 되는 민주주의를 실현하기 위하여 만들어졌지요.

헌법에는 국가를 운영하는 데 가장 기본이 되는 내용들이 담겨 있어요. 그래서 헌법을 '법 중의 법', '최고의 법'이라고 해요.

또 헌법은 대표적인 공법으로서 모든 법의 위에 있어요. 따라서 다른 모든 법은 헌법에서 정한 범위에서 벗어나면 안 돼요. 즉, 헌법의 뜻과 어긋나는 법은 만들 수 없지요.

어떤 법이 헌법에 어긋난다고 생각되면, 헌법재판소에서는 그 법이 헌법을 위반했는지를 심사해요. 헌법을 위반한 것으로 판결되면 그 법을 무효로 할 수 있어요. 그리고 헌법에 어긋난 법에 의하여 행해진 국가의 법적 조치들도 효력을 잃게 되지요.

1789년 프랑스의 인권 선언에서는 "권리의 보장이 확보되지 않고 권력의 분립이 규정되지 않은 모든 사회는 헌법을 가지고 있지 않다."고 했어요. 이 말은 국민의 권리를 보장하고 권력의 분립을 규정하는 헌법에 대하여 잘 나타내어 주는 예랍니다.

헌법의 내용은 뭐예요?

헌법은 모든 법 중에서 가장 중요한 법으로 국가의 최고 법이에요. 국민의 기본적인 권리, 국가의 운영 원칙 등을 규정하는 내용을 하나의 문서로 만든 것이지요. 즉 헌법에는 국민의 자유와 권리의 보장, 국민의 의무, 정치 체제의 운영 및 조직에 관한 내용 등이 규정되어 있어요.

국민의 자유와 권리를 보장하는 헌법

"모든 국민은 인간으로서의 존엄과 가치를 가지며, 행복을 추구할 권리를 가진다. 국가는 개인이 가지는 불가침의 기본적 인권을 확인하고 이를 보장할 의무를 진다."

대한민국 헌법 제10조에서는 국민의 가장 기본적인 권리인 인간의 존엄과 행복추구권을 선언하고, 국가가 국민의 권리를 함부로 침해할 수 없도록 규정하고 있어요. 그럼 헌법이 어떤 권리를 보장하는지 자세히 알아볼까요?

헌법은 국가 권력에 의하여 개인의 자유를 침해당하지 않을 권리인 자유권을 보장해요. 즉, 국민 개개인이 자신의 생명, 신체, 재산, 행복을 지키고 추구할 자유를 가진다는 뜻이에요.

평등권이란 모든 사람이 법 앞에 평등하다는 권리예요. 신분이나 성별, 종교, 지역에 따라 차별을 받지 않을 권리가 있다는 것이지요. 평등권은 모든 사람에게 기회를 똑같이 준다는 의미에서 기본권에 속해요.

참정권이란 국민이 국가의 일에 참여할 수 있는 정치적인 권리를 뜻해요. 선거에 참여하거나 나랏일을 할 수 있는 권리 등 정치에 참여할 수 있는 권리이지요.

또한 청구권은 국민이 자신의 권리가 침해되었을 때 국가에 대하여 일정한 요구를 할 수 있는 권리예요. 헌법은 모든 국민이 인간다운 생활을 할 수 있도록 하는 사회권도 보장하고 있답니다.

나라를 위한 국민의 의무

헌법은 국민들이 이행해야 할 의무도 정해 놓고 있어요. 헌법이 정하는 국민의 의무에는 국방의 의무, 납세의 의무, 교육의 의무, 근로의 의무, 환경 보전의 의무 등이 있어요.

대한민국 국민은 나라를 지켜야 한다는 것이 국방의 의무예요. 국방의 의무 중 가장 대표적인 것은, 정신과 신체가 건강한 만 18세 이상의 남자에게 부과되는 병역의 의무예요.

또 나라가 살림을 하려면 돈이 필요해요. 국민이 세금을 내야 나라가 경제적으로 지탱될 수 있지요. 이때 국민은 세금을 성실하게 내야 한다는 의무를 가져요. 이를 납세의 의무라고 해요.

우리나라는 초등학교와 중학교 교육을 의무 교육으로 정해 놓고 있어요. 모든 국민이 일정한 교육을 받도록 한 것이 교육의 의무예요. 이때 의무적으로 교육을 받는 데 들어가는 비용은 국가가 부담해요. 이처럼 교육의 의무를 정한 이유는, 교육으로 우수한 국민을 길러 내야 국가가 발전할 수 있기 때문이에요.

국민의 의무 중에는 근로의 의무도 있어요. 자신이 맡은 일을 열심히 해야 한다는 의무지요.

환경 보전의 의무는 공해 없는 환경에서 국민이 건강하고 쾌적한 생활을 누리기 위해 필요한 의무예요. 환경은 우리 세대뿐만 아니라, 아직 태어나지 않은 미래의 후손들에게 물려줄 소중한 재산이에요. 그래서 깨끗한 환경을 보전하는 것을 국민의 의무로 정해 놓은 거예요.

의무를 다하는 것은 남의 권리를 소중하게 여기는 것과 함께 나의 권리를 보장받을 수 있는 방법이랍니다.

헌법이 규정해 놓은 삼권 분립

우리 헌법은 국민의 권리와 의무뿐만 아니라 삼권 분립도 규정하고 있어요. 삼권 분립은 국가 권력을 입법권, 행정권, 사법권으로 나눈 거예요. 이것은 어느 한쪽에 권력이 집중되는 것을 막고, 서로 간의 견제를 통해 국민의 권리가 침해받지 않게 하기 위해서랍니다.

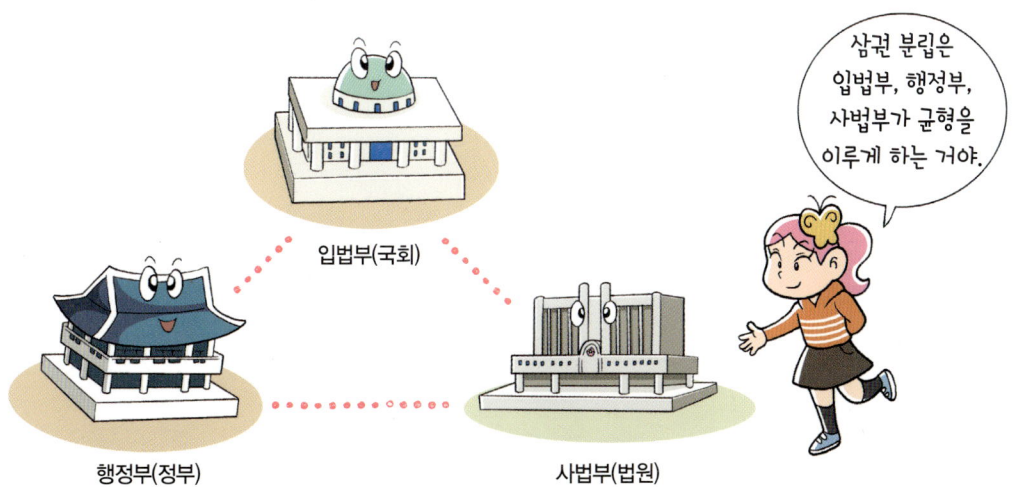

헌법이 인권을 보장한다고요?

사람이라면 가난하거나 부자이거나, 장애인이거나 아니거나, 여자나 남자나, 외국인이거나 우리나라 사람이거나, 인간으로서 당연히 누려야 할 인권을 가지고 있어요. 모든 사람은 누구나 자신이 태어난 배경에 관계없이 자신의 인격을 존중받으면서 살아가야 해요.

이처럼 인간은 태어나면서부터 국적, 인종, 성별 등에 상관없이 존중을 받으며 인간답게 살아갈 수 있는 권리를 갖게 돼요. 즉, 인권은 인간이 인간답게 살아가기 위해 마땅히 누려야 할 권리를 말해요. 이는 다른 사람이 함부로 빼앗을 수 없고, 남에게 넘겨줄 수도 없는 권리이지요.

우리나라는 헌법의 기본적인 인권 조항을 통하여 어떤 국민이든지 차별받지 않고 자유롭고 인간다운 삶을 살 수 있도록 보장하고 있어요.

우리가 한 인간으로서 존중받으며 이 세상을 살아가기 위해서는 여러 가지 권리들이 보장되어야 해요. 이러한 권리에는 피부색, 언어, 성별, 종교의 차이 때문에 차별받지 않을 권리, 강제로 갇혀 있거나 모욕을 받지 않을 권리, 법에 따라 공정한 재판을 받을 권리가 있어요. 또한 교육을 받을 권리, 자유롭게 생각하고 표현할 권리, 일하고 문화를 누릴 권리 등이 있지요.

인권은 인간이라면 누구에게나 주어진 권리예요. 하지만 인권은 저절로 얻어진 것이 아니라 오랜 시간동안 많은 사람들의 노력에 의해 얻어진 것이랍니다.

테레사 수녀(1910~1997년)

인권 보호를 위해 노력한 테레사 수녀

인권을 보호하기 위해 노력한 인물 중에 테레사 수녀가 있어요. 테레사 수녀는 1950년 '사랑의 선교 수녀회'를 만들어 가난하고 병든 사람들을 위해 평생 동안 헌신했어요. 테레사 수녀는 1997년 세상을 떠날 때까지도 인도의 콜카타 빈민가에 살면서 봉사하고 희생하는 삶을 살았답니다.

법을 어기면 어떻게 돼요?

법을 어기면 받게 되는 처벌

친구와의 약속을 어기면, 친구에게 비난을 듣거나 주위 사람들로부터 눈총을 받기는 하지만, 재판을 받지는 않아요. 왜냐하면 개인 간의 약속이나 도덕은 강제성을 가지지 않기 때문이에요.

하지만 법을 어기면, 국가는 사회 질서를 유지하고 정의를 실현하기 위해서 법의 힘을 발동하여 법을 어긴 사람에게 책임을 지게 해요. 예를 들어 어떤 사람이 돈을 빌리고 갚지 않은 경우, 돈을 받을 사람이 민사 소송을 제기하면 일정한 절차를 거쳐 손해 배상을 받게 해 주어요.

또한 사회 질서를 어긴 범죄 행위가 발생하면, 국가가 그 범인을 찾아내어 형사 소송 절차를 거쳐 형벌을 주게 되지요.

이렇게 법은 국민을 보호하기 위해 법을 지키지 않는 사람을 강제로 처벌할 수 있는 힘을 가지고 있어요.

범죄를 저지른 사람에게 주는 형벌의 종류

범죄를 저지른 사람에게 주는 불이익을 '형벌'이라고 해요. 범죄와 그 형벌에 대해서는 형법에 자세하게 쓰여 있어요.

형벌에는 범죄자의 생명을 빼앗는 생명형과 일정한 장소에 범죄자를 가두어 신체의 자유를 누리지 못하게 하는 징역·금고 및 구류와 같은 자유형이 있어요.

또한 일정한 금액을 국가에 납부하게 하는 벌금·과료, 범죄 행위와 관련된 재산을 박탈하는 몰수와 같은 재산형과 인간이 명예롭게 누릴 수 있는 권리를 제한하거나 빼앗는 자격 정지나 자격 상실 같은 명예형이 있어요.

범죄가 되는 행동과 처벌을 정해 두는 죄형법정주의

우리나라 형법에는 어떤 행동이 범죄가 되고 또 어떤 벌을 줄 것인지에 대하여 자세히 적혀 있어요.

죄형법정주의란, 범죄가 되는 행동과 범죄에 대한 처벌을 국회에서 만든 법률로 정해 두고, 법률에 의해서만 죄를 다스려야 한다는 원칙을 말해요. 그래서 죄형법정주의는 "법률이 없으면 범죄가 없고, 형벌도 없다."라는 말로 풀이할 수 있어요.

그렇다면 왜 이런 원칙을 만들었을까요?

중세 시대나 절대 왕정 시대에는 무엇이 죄이고, 죄를 저질렀을 때 어떤 형벌을 줄 것인지를 미리 정해 놓지 않았어요. 그래서 왕이나 귀족 같은 권력자가 자기 마음대로 결정해서 죄가 없는 사람을 범죄자로 몰고, 가혹한 벌을 주는 경우가 많았지요.

결국 죄형법정주의라는 원칙은 국가나 권력자의 이러한 폭정을 막고 국민의 자유와 권리를 지키기 위해 만든 것이에요.

그럼 죄형법정주의의 내용을 좀 더 자세히 알아볼까요?

죄형법정주의에 따르면 법이 아니라 관습으로 사람을 처벌할 수 없어요. 이것을 '관습형법의 금지'라고 해요.

또 어떠한 행동을 할 당시에 죄가 아니었던 것은 그 후에 만들어진 법에 의하여 처벌할 수 없다는 내용도 있어요. 이것은 '형법불소급의 원칙'이라고 하지요.

법에 정해져 있지 않은 내용을 법에 정해진 것과 비슷하다고 제멋대로 해석해서 처벌하는 것 또한 죄형법정주의 정신에 위배되는 행동이에요.

이것을 '유추 해석 금지의 원칙'이라고 해요.

'명확성의 원칙'도 있어요. 법으로 모든 위법한 행동을 정할 수 없기 때문에 법률을 만들 때 추상적인 표현을 사용해요. 그렇다고 해도 법은 누가 보더라도 어떤 잘못된 행동에 대하여 처벌하려고 하는지 명확하게 알 수 있어야 한다는 원칙이에요.

마지막으로 죄형법정주의는 개인의 자유와 권리를 보장하기 위해서 특정한 죄에 대한 금지와 처벌이 적정해야 해요. 이것을 '적정성의 원칙'이라고 해요. 남의 물건을 훔친 사람과 신호 위반을 한 사람에게 같은 처벌을 내리는 것은 부당하겠지요? 법을 어긴 행동에 따라 그에 적정한 형벌을 내리도록 해야 한답니다.

2장 사형 제도는 없애야 할까요, 유지해야 할까요?

여러 사람이나 어린이의 목숨을 빼앗는 등 큰 죄를 저지른 사람은 법에 의해 무거운 처벌을 받아요. 사형은 사람의 생명을 빼앗는 형벌이기 때문에 가장 무거운 형벌이에요.

그런데 최근에 사람의 생명을 중시해야 한다는 입장에서 사형 제도를 폐지하자는 주장이 나오고 있어요.

실제로 사형 제도를 폐지한 나라도 많이 있어요. 우리나라 역시 사형 제도를 폐지하자는 목소리가 점점 높아지고 있지요.

그렇다면 사형 제도는 없애는 것이 좋을까요, 유지하는 것이 좋을까요? 만약 사형을 집행했는데 뒤늦게 진짜 범인이 따로 있었다면 어떻게 할까요? 이러한 실수는 되돌릴 방법이 없겠지요?

사형 제도를 없애자는 사람들은 어떤 경우에도 사람의 생명을 국가가 빼앗아 갈 권리가 없다고 주장하고 있어요. 또 형벌의 목적은 범죄자를 교육하여 새 사람으로 만드는 것인데 사형을 시킨다면 형벌의 목적에 위배된다고 주장해요.

반대로, 사형 제도를 유지하자고 말하는 사람들은 사형에 대한 두려움으로 사람들이 흉악한 범죄를 저지르지 못하게 할 수 있다고 주장하고 있지요. 그리고 억울하게 피해를 입은 사람들의 입장에서 보면 사형을 시키는 것이 정의에 합당하고 선량한 국민의 생명을 지키기 위해서는 사형 제도가 필요하다고 주장해요.

즉, 사형 제도를 없애자는 사람들은 헌법에서 보장하고 있는 인간의 기본권인 생명을 함부로 빼앗을 수 없다고 말하고, 유지하자는 사람들은 범죄를 줄이기 위해 사형 제도가 필요하다고 말하는 것이에요.

우리나라는 큰 죄를 저지른 사람에게 사형 선고를 내리기는 하지만, 오랫동안 사형을 집행하지는 않았어요. 사형 제도를 인정하고 있으나, 사형 선고와 집행에 있어서는 매우 신중한 입장을 취하고 있답니다.

법적으로는 다툼을 어떻게 해결해요?

여러 사람이 함께 살아가다 보면 크고 작은 다툼이 생길 수 있어요. 사람들끼리 다툼이 생겼을 때 서로 이야기하면서 원만하게 해결되면 좋겠지만 그렇지 않기도 해요. 이렇게 일상생활에서 일어난 다툼을 해결하기 어려울 때는 법을 통하여 공정한 결론을 얻기 위해 법원을 찾아요.

법원의 판결을 요구하는 소송 제도

우리 사회에서 발생하는 법적인 다툼을 해결하기 위하여 국가는 법원이라는 재판 기관을 만들었어요. 법원의 판결을 통하여 한쪽은 이기게 되고 다른 쪽은 지게 되지요. 이렇게 재판에 의하여 판결을 내려 줄 것을 법원에 요구하는 제도를 '소송 제도'라고 해요. 소송의 종류에는 민사 소송, 형사 소송, 행정 소송이 있어요.

민사 소송은 개인 간의 소송을 말해요. 소송을 제기하는 사람을 원고, 소송을 제기당한 사람을 피고라고 불러요. 보통 민사 소송은 법률 지식을 갖춘 변호사가 당사자들을 대신해서 소송을 진행하는 경우가 많아요.

형사 소송은 물건을 훔치거나 폭력을 휘두르는 등 반인륜적·반사회적·반국가적 행위를 한 범죄자들을 처벌하기 위해 검사가 제기하는 소송이에요. 따라서 형사 소송에서는 민사 소송과는 달리 검사가 원고가 되는 거예요. 범죄의 혐의를 받고 죄를 추궁당하는 사람을 피의자라고

하고, 검사가 법원에 기소를 한 후에는 피고인이라고 불러요. 형사 소송의 피고인을 위하여 변론을 해 주는 사람은 변호인이에요.

행정 소송은 국가 기관이 국민의 권리를 침해했을 때, 권리를 침해당한 국민이 제기하는 소송을 말해요.

이러한 소송은 기본적으로 한 사건에 대해 세 번까지 재판을 하는 3심 제도를 두고 있어요. 하지만 특허나 상표에 관련된 소송은 이심 제도, 선거에 관련된 소송은 이심 또는 단심 제도를 두고 있어요.

소송의 종류

민사 소송

형사 소송

행정 소송

공정한 재판을 위한 심급 제도

재판을 담당하는 법관도 사람이에요. 그래서 법을 적용할 때 잘못 적용하는 실수를 할 수 있어요. 또 재판하는 과정에서 꼭 살펴보아야 할 증거를 빠뜨려서 잘못된 판결을 내릴 수도 있어요.

이러한 법관의 잘못된 판결로 국민이 입을 피해를 막고, 재판이 공정하게 이루어지도록 하기 위해서 만들어진 제도가 바로 심급 제도예요. 심급 제도는 법원을 상급 법원과 하급 법원으로 나누어 한 사건에 대하여 여러 번 재판을 받을 수 있게 한 제도랍니다.

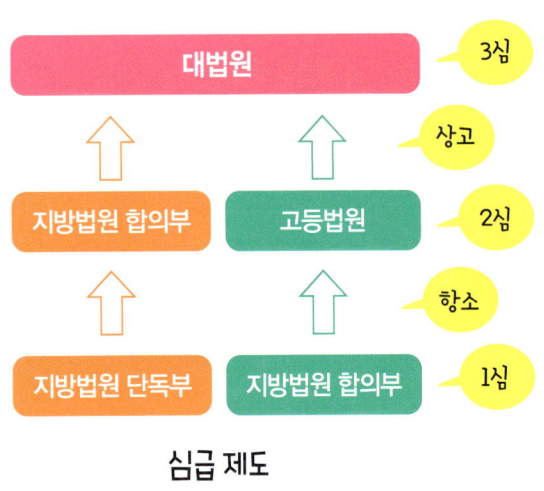

심급 제도

우리나라는 한 사건에 대해 세 번까지 재판을 받을 수 있는 3심 제도를 실시하고 있어요.

어떤 사건에 대해 재판을 할 때, 처음 법원의 판결을 받는 것을 1심이라고 해요. 1심 재판은 지방법원에서 하고 있어요. 지방법원은 서울을 비롯하여 각 도의 주요 도시에 설치되어 있지요. 지방법원이 없는 곳에서는 지방법원의 주요 역할을 대신하는 지방법원 지원이 1심을 담당하고 있답니다.

그리고 판사 1명이 아니라 3명이 합의를 통해 판결하는 경우를 합의부라고 해요. 1심에서 판사 1명이 재판을 담당한 경우에는 그 지방법원의 합의부에 2심 재판을 요청할 수 있고, 지방법원의 합의부에서 1심을 한 경우에는 고등법원에 2심 재판을 요청할 수 있어요. 이것을 '항소'라고 해요.

　2심을 맡은 고등법원은 서울, 대전, 대구, 부산, 광주에 있어요. 고등법원에서는 언제나 3명의 판사가 합의를 해서 판결을 내려요.

　마지막으로 최종적인 3심 판결을 내리는 곳은 대법원이에요. 대법원은 우리나라의 최고 법원으로, 대법원장과 대법관으로 구성되어 있어요.

2장 다툼의 성격에 따라 재판이 달라요

사람들은 민사 소송, 형사 소송, 행정 소송과 같이 제각기 다른 문제들로 인하여 법원을 찾아요. 법원에서는 여러 가지 법을 적용하여 재판을 하지요. 이렇게 재판은 사람들 사이의 다툼과 갈등을 소송의 종류에 따라 각기 다른 방법으로 해결해 주는 역할을 해요.

민사 재판, 형사 재판, 행정 재판 등 여러 종류의 재판

재판의 종류는 사건의 성격에 따라 달라요. 우리나라의 재판 제도에는 민사 재판, 형사 재판, 행정 재판, 가사 재판 등 여러 종류가 있지요.

민사 재판은 개인 간의 관계에서 일어난 다툼을 해결하기 위한 재판이에요. 형사 재판은 사회 질서를 어지럽히는 사람에 대하여 법원이 죄를 밝히고 벌의 정도를 결정하는 재판이지요. 또한 행정 재판은 행정 기관이 개인의 권리를 침해하였는지 가리는 재판이며, 가사 재판은 가족이나 친족 사이의 다툼을 해결하는 재판이랍니다.

일반 국민을 배심원으로! 국민참여재판 제도

여러 종류의 재판 중에서 형사 재판은 사기, 강도, 살인과 같이 사회 질서를 어지럽히는 행동을 한 사람에게 벌을 주기 위한 재판이에요. 과거의 형사 재판은 판사가 진실을 밝혀 범죄를 저지른 사람을 처벌해 왔어

개인 간의 다툼을
해결하는
민사 재판

죄가 있는지 없는지 판결하는
형사 재판

행정 기관으로부터
국민의 권리를 보호하는
행정 재판

가족이나 친족 간의
다툼을 다루는
가사 재판

요. 국민들은 재판을 받거나 재판을 방청할 수는 있었지만, 재판에 직접 참여할 수는 없었어요. 그러다 보니 간혹 판사가 자신의 권한을 사용하여 단독으로 판단하거나 재판이 공정하지 못한 때가 있었지요.

대법원에서는 공정한 재판을 위하여 일반 국민도 재판에 참여할 수 있게 하였어요. 이것이 바로 국민참여재판 제도예요.

국민참여재판은 법률 전문가가 아닌 국민이 배심원이 되어 재판 절차에 참여하는 재판이에요. 공정하지 않거나 법에 어긋나는 재판이 되지 않도록 국민이 참여하는 것이지요.

국민참여재판은 '국민의 형사 재판 참여에 관한 법률'에 따라 살인, 고의로 남에게 상처를 입혀 죽게 한 사건 등 흉악한 범죄에만 가능해요. 또한 피고인이 국민참여재판을 원해야 하지요.

배심원은 만 20세 이상의 국민이면 누구나 될 수 있고, 무작위로 뽑아요. 단, 법률과 관련된 일을 하거나 해당 사건과 관련이 있는 사람은 뽑지 않아요. 배심원의 수는 사건에 따라 5~9인이며, 배심원 중 빠지는 사람이 생길 경우를 대비하여 5인 이내의 예비 배심원을 두고 있어요.

이렇게 선정된 배심원은 재판에서 만장일치 또는 다수결로 유죄인지 무죄인지 결정을 해요. 유죄라고 판단되면 형벌의 정도를 결정하고 그들의 의견을 판사에게 제시하지요. 그러면 판사는 배심원의 판단을 참고하여 판결을 내려요. 하지만 판사가 배심원의 결정을 무조건 받아들이는 것은 아니에요. 판결을 할 때 배심원의 결정을 참고만 할 뿐이랍니다.

사법 제도에 참여할 수 있는 기회를 얻은 배심원은 책임감을 갖고 모든 편견을 버리고 판단해야 해요. 그래야 더욱 공정한 재판이 되겠지요?

2장 지구촌 시대의 법, 국제법

세계에는 여러 나라들이 있어요. 이 나라들 사이에 다툼이 벌어지면 어떻게 할까요? 나라 간에 문제가 생겼을 때 해결해 주는 법이 있어요. 바로 국제법이에요.

국제법이란 무엇일까요?

국제법이란 국가 간의 합의에 따라 국가 간의 관계를 규칙으로 정해 놓은 법을 말해요. 국제법은 조약과 여러 국가들의 관행으로 인정되는 국제 관습법으로 구성되어 있어요.

먼저 조약은 여러 국가의 대표가 모여 나라들 사이의 문제를 해결할 방법을 공식적으로 약속한 것이에요. 이렇게 조약은 원칙적으로 참여한 국가들 간에 지키기로 합의한 것이기 때문에, 조약을 체결하지 않은 나라들은 조약을 지켜야 할 의무가 없어요. 따라서 효력이 제한적일 수밖에 없지요. 이에 비하여 국제 관습법은 문서로 된 조약은 아니지만, 오랜 시간 동안 국제 사회에서 일반적인 관행으로 널리 사용되어 왔어요. 그래서 국제법의 중요한 부분을 차지하고 있지요. 이렇게 국제법은 국가 상호 간의 관계를 정하는 법이기 때문에, 그 주체는 당연히 국가가 되어야 해요. 최근에는 국제 교류가 활발하게 이루어지고 국가 간의 협력 체제도 긴밀해져 가면서, 국제기구들도 국제법의 주체로 인정을 받고 있답니다.

국제법이 발달하고 자리 잡기까지

국가라는 공동체는 수천 년 전부터 생겼지만, 오랫동안 국가들 간의 국제법이라고 할 만한 것이 없었어요. 중세가 지나고 근대에 들어와서야 외교나 무역 등 국제 교류가 활발해지면서 국제 관습이 생겼고, 이것이 국가 간의 법으로 인정받기 시작했어요. 그 무렵 후고 그로티우스라는 학자가 '전쟁과 평화의 법'이라는 책을 썼어요. 이 책을 계기로 국제법이 법 이론으로 자리 잡으며 점점 발달하였지요.

전 세계 사람들은 20세기에 들어와 두 차례나 큰 전쟁을 치른 후 전쟁을 피하고 평화를 모색할 국제기구의 필요성을 느끼게 되었어요. 국가들이 이해관계에 따라 소규모로 동맹하거나 연합하는 것으로는 국제 문제에 효과적으로 대처하기가 어렵다는 것을 깨달았던 것이지요. 그래서 탄생한 것이 국제연맹, 국제연합이라는 범세계적인 국제기구예요.

> **국제연맹(League of Nations)**
> 제1차 세계 대전 후인 1920년에 설립되어, 국제연합의 형성에 기반이 된 국제 평화 기구.

또한 20세기 이후 기술 혁신으로 인하여 국가들 간의 시간적·공간적 거리가 단축되고, 사람과 물자의 국제적 교류가 활발해졌어요. 세계화 시대가 열리면서 전 세계가 지구촌이 되고 세계 공동체가 되었지요. 그러면서 국제법도 내용이 풍부해지고, 법의 본질인 강제력도 가지게 되었어요.

국제법의 특징

법이 효력을 가지려면 그 법을 위반했을 때에 대한 제재가 있어야 해요. 즉, 구속력과 강제력이 있어야만 법이라고 할 수 있어요. 국제법이 법으로서 자리를 잡는 것이 늦었던 이유는 강제력의 뒷받침이 없었기 때문이에요. 20세기에 들어와서야 국제법의 강제력이 크게 강화되었답니다.

그렇지만 아직도 국제법은 강제력을 즉각적이고 효과적으로 사용하지 못해요. 국제법을 전문적으로 다루는 수사 기관이나 법원이 많지 않기 때문이에요. 특히 여러 나라가 함께 참여하는 다자간 조약은 명백한 국제법임에도 불구하고 가입한 국가가 마음대로 탈퇴하거나 불참해도 제재를 하지 못하고 있어요.

후고 그로티우스(1583~1645년)

국제법의 아버지, 후고 그로티우스

후고 그로티우스는 법학을 연구한 네덜란드의 학자예요. 그가 쓴 '전쟁과 평화의 법'은 전쟁과 법의 개념, 전쟁의 정당한 원인 등을 설명하고 있어요. 그러다 보니 평상시의 국가와 국가 간의 권리와 의무를 먼저 다루지 않을 수 없었지요. 그래서 이 책을 계기로 국제법이 법 이론으로 탄생하게 되었고, 그로티우스는 국제법의 아버지로 불리게 되었답니다.

나라 간의 분쟁은 어떻게 해결해요?

나라 간에 문제가 생기면 외교를 통하여 해결해요. 하지만 외교를 통해 해결되지 않으면, 제3자나 제3국이 나서서 두 나라 사이의 문제를 조정하지요. 이렇게 해서도 해결되지 않는 문제는 국제적인 분쟁을 해결하는 재판소로 가게 된답니다.

나라 간의 분쟁을 해결하는 재판소

국제기구 중에는 국제 사법 기구들이 있어요. 그중 대표적인 것이 국제연합 기구의 하나인 국제사법재판소(ICJ)이지요. 국제사법재판소는 1945년에 네덜란드의 헤이그에 창설되었으며, 국제연합총회 및 안전보장이사회가 선임한 국적이 서로 다른 15명의 법관으로 구성되어 있어요.

국제사법재판소는 국제연합 헌장 및 기타 국제법상의 분쟁을 담당해요. 이곳에서 내려진 판결은 구속력을 가지며 당사국이 이를 이행하지 않을 때에는 국제연합안전보장이사회가 적절한 조치를 취하게 되어 있어요.

국제해양법재판소(ITLOS)는 국제 해양법 협약에 근거하여 국제사법재판소와 별도로 1995년에 설치된 국제 법원이에요. 독일의 함부르

나라 간의 분쟁을 법적으로 해결하는 국제사법재판소

크에 위치해 있지요. 이 재판소는 최근 해양 문제와 관련된 국제 분쟁이 많이 발생하고 있기 때문에 설치되었답니다.

국제형사재판소(ICC)는 2002년 7월에 설치된 국제기구예요. 국제사법재판소와 함께 네덜란드의 헤이그에 있지요. 전쟁 범죄자와 대량 학살자 등 '반인륜적 범죄'나 '전쟁 범죄'를 국제적인 합의하에 처벌하기 위해 국제연합 아래에 설치한 특별한 국제 법원이에요.

국제형사재판소에는 자체 내에 검사가 있어서, 국제연합안전보장이사회나 기타 국가가 소송을 제기하지 않아도 독자적으로 수사하고 재판을 청구할 수 있답니다.

범죄인 인도 조약 및 인터폴

만약 우리나라에서 법을 어기고 죄를 지은 사람이 외국으로 도망갔다면, 그 사람을 찾아내어 벌을 주기 어려울 거예요.

'범죄인 인도 협정'이란 범죄자가 해외로 도망간 경우에 강제로 본국으로 송환하도록 약속한 조약을 말해요. 일반적으로 다른 나라에서 범죄를 저지른 사람을 돌려보낼 의무는 없기 때문에 특별히 조약을 만들어 서로 범인을 체포하는 것을 도와주기로 한 것이지요. 보통 인터폴과 협조하여 수사하고 범인을 송환받아요.

'인터폴(International Criminal Police Organization)'은 국제적인 범죄를 수사하기 위해 만들어진 국제 형사 경찰 기구예요. 국제 범죄에 대한 정보 교환, 전과 조회, 수사 등의 협조를 하고 있어요. 우리나라는 1964년에 인터폴에 가입하였어요.

이렇게 국가 간의 협력이 활발해지면서 해외로 도망간 범죄자들은 점점 설 땅이 없게 되었답니다.

지구의 평화를 위하여, 국제연합 평화 유지군
(United Nations Peace-Keeping Forces)

국제연합 평화 유지군은 국제연합의 결의로 파견된 군대예요. 평화 조약이 아직 체결되지 않은 분쟁 지역에 주둔하면서 긴장을 줄이고 협상을 통해 평화를 정착시키는 데 많은 공헌을 하고 있어요. 우리나라도 동티모르나 이라크에 평화 유지군을 파견하는 등 국제적인 평화 유지 활동에 적극적으로 참여하고 있답니다.

임무 수행 중인 국제연합 평화 유지군

지식 플러스

인권 보장의 역사

인권은 인간이 인간으로서 존중받으며 행복하게 살아갈 수 있는 권리예요.
이러한 인권은 하루아침에 저절로 주어진 것이 아니랍니다.
인권 보장의 역사에 대해 알아볼까요?

1215년

영국의 마그나 카르타
영국의 귀족들이 국왕 존의 절대 권력에 제한을 둔 최초의 문서예요. 영국 헌법의 근거가 되었어요.

1776년

미국 독립 선언
미국은 독립 혁명에서 승리하여 영국으로부터 독립하였어요. 이때의 독립 선언문에서 국민의 주권을 밝혔어요.

1689년

인권은 수많은 사람들이 온갖 어려움을 이겨 내고 어렵게 이루어 낸 것이구나.

영국의 권리 장전
명예혁명 후 이루어진 권리 선언이에요. 시민의 자유와 권리를 보장하였어요.

1789년

프랑스의 인권 선언
프랑스에서 일어난 시민 혁명 당시 국민 의회가 인간과 시민의 권리를 선언했어요. 자유권, 재산권, 저항권을 규정했지요.

아직도 장애인, 원주민, 성적 소수자 등이 스스로의 인권을 지키기 위한 노력을 계속하고 있단다.

1830년대

선거권 확대 운동
부유한 사람에게만 주어진 선거권을 노동자들이 모든 사람의 것으로 만들기 위한 운동을 전개하였어요.

1919년

독일의 바이마르 헌법
바이마르 헌법은 사회 보장 제도를 처음으로 명시한 헌법이에요. 모든 국민이 인간다운 생활을 할 수 있도록 교육을 받을 권리 등을 규정하였어요.

1948년

세계 인권 선언
제2차 세계 대전에서 수많은 사람들이 목숨을 잃었어요. 이에 대해 국제연합은 모든 국가와 인간이 추구해야 할 인권 존중의 기준을 세웠어요.

1960년대

흑인 민권 선언
미국에서 흑인들은 오랫동안 차별을 받았어요. 그들은 인종을 차별하는 법과 제도에 저항하여 결국 투표권까지 보장받았어요.

지식 플러스

재판정 한눈에 보기

민사 재판의 절차

소장 제출
원고가 법원에 소장을 제출해요. 법원은 이 소장을 피고에게 전달해요.

답변서 제출
피고는 재판을 하기 전에 법원에 답변서를 내요.

증거 제출
피고와 원고는 자신의 주장이 정당하다는 증거를 법원에 내요.

판결 선고
양측이 법정에서 자기가 옳다는 주장을 말해요. 그 후 판결이 내려져요.

민사 재판정

속기
재판의 내용을 기록해요.

원고
소송을 제기한 사람이에요.

변호사
피고나 원고의 편에 서서 법률적인 도움을 주는 사람이에요.

판사
원고와 피고 중 누구의 주장이 옳은지 판단하고, 누구에게 책임이 있는지 판결을 내려요.

참여사무관
증인의 증언을 공식 문서에 기록해요.

증인
소송과 관련하여 자기가 경험한 사실을 말하는 사람이에요.

피고
소송을 당한 사람이에요.

재판 중에서 가장 대표적인 것은 민사 재판과 형사 재판이에요. 각 재판이 어떻게 진행되는지, 재판정에는 어떤 사람들이 참여하는지 살펴볼까요?

> 민사 재판은 개인과 개인 간의 다툼을 다루는 재판이고, 형사 재판은 사람들에게 해를 입힌 범죄자의 죄를 판단하는 재판이야.

형사 재판의 절차

경찰 수사
경찰이 검사의 지휘를 받아 범죄 혐의가 있는 피의자에 대하여 수사해요.

검사의 기소
검사가 피의자에 대하여 재판을 요청해요.

재판
검사 측이 신문하고 변호인 측이 변론하면서 법정에서 재판을 해요.

재판
판사가 형사 사건에 대한 판결을 내려요.

형사 재판정

판사
피고인의 유무죄, 형벌의 종류 및 양을 판결해요.

속기
재판의 내용을 기록해요.

검사
범죄 사건을 수사하고, 소송을 제기하여 피고인의 처벌을 요구해요.

참여사무관
증인의 증언을 공식 문서에 기록해요.

변호인
피고인의 편에서 무죄를 주장하거나 형벌을 적게 받도록 변호해요.

피고인
범죄 혐의가 있어서 재판을 받는 사람이에요.

증인
소송과 관련하여 자기가 경험한 사실을 말하는 사람이에요.

3장 어린이와 청소년을 위한 특별한 법

어린이와 청소년은 특별한 보호가 필요해요.
그래서 어린이와 청소년을 건강하고 밝게 자라게 하기 위한
여러 가지 법이 있지요. 어린이와 청소년을 위해 만들어진
특별한 법들을 알아볼까요?

청소년보호법을 위반하면 안 돼요!

왜 어린이를 위한 법이 필요해요?

나무가 잘 자라게 하려면 적당하게 햇볕을 쬐어 주고 물을 주어야 해요. 또 필요할 때에는 버팀목을 세워 주어야 하지요.

미래의 꿈나무인 어린이들도 마찬가지예요. 어린이들이 안전하고 훌륭하게 자라게 하기 위해서는 법적으로, 또 사회적으로 보호해 줄 필요가 있어요. 어린이들은 앞으로 우리 사회의 미래를 책임질 중요한 인재들이기 때문이에요.

그래서 우리나라 국회에서는 어린이나 청소년을 보호하기 위하여 아동복지법, 청소년보호법, 소년법과 같은 법률을 만들었답니다.

아동복지법과 청소년기본법의 적용 연령

옛날에는 아들을 낳아 대를 잇는 일을 중요하게 생각했어요. 그래서 일찍 결혼을 하는 풍습이 있었답니다. 이것을 조혼(早婚)이라고 해요. 이렇게 일찍 결혼한 신랑을 꼬마 신랑이라고 했는데, 나이가 어려도 어른으로 대해 주었어요.

그러나 요즈음에는 그 사람이 어린이인지 청소년인지 어른인지를 말할 때 결혼을 했는지 안 했는지에 따라 구분하는 것이 아니라, 나이로 구분해요. 일반적으로 어린이는 네 살 정도에서 중학교에 가기 전까지의 아이를 말해요.

청소년은 소년기에서 청년기로 접어드는 10대 후반의 남녀를 말해요. 예전에는 어린이나 청소년이라는 말 대신 민법이 정한 미성년자라는 용어를 많이 사용했어요. 미성년자란, 만 19세 미만인 사람을 말해요. 그러다가 어린이나 청소년에 대한 사회의 관심이 높아지고, 그들을 위한 여러 가지 법률을 만들게 되면서 나이에 따라 다양한 용어들을 사용하게 되었어요.

아동복지법에서는 만 18세 미만의 사람을 '아동'이라고 하고, 이들이 행복하고 안전하게 자랄 수 있도록 아동에 대한 복지를 보장하고 있어요.

또 청소년기본법에서는 만 9세 이상에서 만 24세 이하의 사람을 '청소년'이라고 정해 놓았어요. 청소년기본법은 청소년의 권리 및 책임을 정하고, 청소년 육성 정책을 펼치고 있어요.

나이에 따라 다른 처벌을 받는 아동복지법과 청소년기본법

사람은 어린이에서 청소년으로, 그리고 어른으로 성장하는 과정에서 여러 가지 상황에 처할 수 있어요. 예를 들어 어린이가 돈을 벌기 위해 일을 하거나, 청소년이 술집에 드나들거나, 부모님의 동의 없이 휴대 전화를 구입하는 등 다양한 상황 속에서 법을 위반하는 경우가 일어날 수 있지요.

이렇게 각기 다른 상황에 똑같은 법을 적용할 수 없어요. 각각의 상황에 따라서 그에 알맞은 법이 필요하지요. 아동복지법은 만 18세 미만의 '아동', 청소년기본법은 만 9세 이상에서 만 24세 이하의 '청소년'으로 정해 놓은 것처럼 각 법이 적용되는 연령을 가지고 있어요. 그래서 같은 잘못을 저지른 경우에도 나이에 따라 다른 처벌을 받게 된답니다.

일정한 나이가 되어야 할 수 있는 것들

- 도로교통법 : 운전면허는 만 18세 이상이 되어야 딸 수 있어요.
  원동기 장치 자전거 면허는 만 16세 이상이면 딸 수 있지요.
- 주민등록법 : 주민등록증은 만 17세 이상인 남녀에게 발급돼요.
- 병역법 : 대한민국 남자로서 만 19세가 되면 징병 검사를 받아요.
- 공직선거법 : 선거를 할 수 있는 나이는 만 18세 이상으로 정해져 있어요.

아동복지법이 뭐예요?

우리나라에는 '아동복지법'이 있어요. 이 법은 아이가 행복하고 건강하게 자라는 데 필요한 복지를 보장하기 위해 만들어졌어요. 즉, 어린이의 행복한 생활과 인권을 보장하는 법이지요. 아동복지법에서 규정하고 있는 아동은 만 18세가 되지 않은 사람을 말해요.

그럼 아동복지법에는 어떤 내용이 있는지 자세히 알아볼까요?

우선 국가와 보호자는 아동이 건강하고 행복하게 자랄 수 있도록 아동의 복지를 책임져야 한다는 것을 법으로 규정해 놓고 있어요. 그리고 아동의 건강과 행복을 위협하는 상황이 발생했을 때 아동을 보호하기 위해 필요한 조치를 취할 수 있는 법적인 근거도 정해 놓았지요.

또한 아동에게 해서는 안 되는 행동과 이를 어긴 사람에게 어떤 처벌을 내릴지도 정해 놓았어요. 어린이의 몸에 상처를 입히거나 특정한 공간에 가두면 안 돼요. 또한 성적 수치심을 주는 성희롱이나 성폭행, 정신 건강에 해를 끼치는 행동 등의 학대 행위가 금지되어 있어요. 부모가 아이에게 구걸이나 위험한 일을 시켜 돈을 버는 행위, 아동을 매매하는 일도 법을 위반하는 행위예요.

이러한 행동을 한 사람은 징역형이나 벌금형 등 엄한 처벌을 받게 돼요. 이렇게 아동복지법은 부모를 비롯한 어른이 어린이에게 신체적, 정신적으로 폭력을 가하는 행위를 강력하게 금지하고 있어요.

어린이를 위한 날, 어린이날

어린이날은 1923년 5월 1일, 방정환을 비롯한 여러 사람들이 어린이날을 공포하고 기념식을 치르면서 시작되었어요. 1939년 일제의 억압으로 중단된 뒤, 1946년에 다시 5월 5일을 어린이날로 정하였지요. 1957년에는 '대한민국 어린이 헌장'이 만들어졌고, 1970년부터는 어린이날이 공휴일로 지정되었답니다.

아동 보호 운동의 선구자 방정환
(1899~1931년)

청소년보호법이 뭐예요?

요즈음 청소년 범죄가 점점 늘어나고 있어요. 청소년 범죄가 늘어나는 것은 청소년들이 해로운 책이나 영상물, 담배나 술 등을 많이 접하고 있기 때문이에요.

그래서 미래의 꿈이자 희망인 청소년을 여러 가지 해로운 환경으로부터 보호하고, 건전한 인격을 가진 어른으로 성장할 수 있게 청소년보호법이 만들어졌어요.

청소년보호법에서는 만 19세 미만의 사람을 청소년으로 규정하고 있어요. 보통, 고등학교 3학년 학생들까지 포함돼요.

청소년보호법은 청소년에게 해가 되는 매체물이나 약물 등이 청소년에게 유통되는 것을 막고 있어요. 또 청소년들이 술집과 같은 유해 업소에 출입하는 것 등을 규제하고 있지요. 폭력이나 학대 등 청소년의 정신과 건강에 큰 상처를 주는 행위를 포함하여 여러 가지 나쁜 환경으로부터 청소년을 보호하고 도와주는 역할도 하고 있어요.

이러한 청소년보호법의 규정에 따라 보건 복지부는 청소년의 정신과 건강에 해가 되는 환경으로부터 청소년을 보호하기 위해 각종 지원을 하고 있어요. 보건 복지부는 국민 보건과 사회 복지를 위해 일하는 곳이에요.

청소년보호법을 위반한 어른은 벌금을 내거나 교도소에 들어가 징역을 살아야 해요. 하지만 청소년보호법은 청소년을 보호하기 위한 법이기 때문에 이 법을 어긴 청소년은 처벌을 받지 않아요. 그 대신 행위의 정도에 따라 선도나 보호 조치를 받을 수 있답니다.

선도(善導)

올바르고 좋은 길로 인도함.

3장 아동·청소년의 성 보호에 관한 법률

가출 청소년이나 학교에 적응하지 못하는 청소년이 늘어나면서, 10대 초반의 청소년까지 유흥업소에서 일하는 경우가 있다고 해요. 심지어 어른들이 청소년에게 용돈을 주고 옳지 않은 만남을 가지는 일도 일어나고 있어요.

청소년의 성적 인권을 침해하는 이러한 행위들로 인해 많은 청소년들이 몸과 마음에 상처를 받고 있어요. 따라서 아동과 청소년을 보호·선도하고 성범죄에 관련된 사람들에게 벌을 주기 위해 '아동·청소년의 성 보호에 관한 법률'을 만들었어요. 이 법의 보호를 받는 대상은 만 19세 미만의 사람이에요. 단, 만 19세가 되는 연도의 1월 1일을 맞이한 사람은 제외되지요.

이 법은 아동·청소년의 성을 사는 행위 및 성폭력 행위 등을 하는 사람들을 강력하게 처벌하고 있어요. 그리고 이들의 이름과 직업 등을 공개하게 하고 있지요.

아동·청소년의 성을 산 사람은 최대 10년까지 징역형의 벌을 받아요. 그리고 성매매 등과 관련된 아동과 청소년은 형사 처벌 대신에 보호처분을 받지요. 청소년들의 성매매는 어른들이 책임을 져야 한다는 생각에서 형사 처벌을 면제하는 것이에요. 대신에 법을 위반한 청소년들이 건강하게 사회로 돌아갈 수 있게 사회봉사 명령, 수강 명령, 병원 위탁, 선도 보호처분, 시설 위탁 등의 보호처분을 받게 하고 있어요.

또한 직접 아동·청소년의 성을 사지는 않지만 이들의 성매매를 연결해 주는 업주나 관계자, 청소년을 이용하여 음란물을 만든 사람이나 유통한 사람, 청소년을 인신매매한 사람 등도 무거운 처벌을 받고, 그 사람의 신분도 공개하고 있어요. 그런데 이렇게 성범죄자의 신상을 공개하는 데에는 찬성과 반대 의견이 나뉘어 팽팽히 맞서고 있답니다.

성범죄자의 신상 공개에 찬성!

국민은 성범죄에 대하여 알 권리가 있어요. 성범죄자의 개인 정보를 공개함으로써 또 다른 성범죄를 줄일 수 있지요.

성범죄자의 신상 공개에 반대!

성범죄자의 인권도 존중해 주어야 해요. 또 성범죄자의 정보를 알리는 것이 다른 성범죄를 막을 수 있는지 알 수 없어요.

성범죄자 신상 정보 등록 및 공개 제도

법무부는 성범죄자의 성명, 나이, 주소, 실제 거주지, 사진 등을 등록하여 20년간 관리하고 있어요. 또한 성범죄자의 신상 정보를 성범죄자가 거주하고 있는 지역의 19세 미만의 아동·청소년을 보호하고 있는 사람에게 제공하고 있어요.

3장 법을 어긴 어린이는 어떻게 돼요?

소년법의 필요성

어린이는 이 사회의 미래이자 희망이에요. 그러나 어린이는 신체적·정신적으로 혼란과 진통을 겪는 불안정한 시기를 겪으며 방황하고, 한순간의 실수로 잘못된 행동을 저지를 수도 있어요.

법을 어긴 어린이에게는 법적인 처벌을 내리는 것보다 따뜻하게 보호하고 지원을 해 주는 것이 더 중요해요. 그래서 우리나라는 법을 어긴 어린이와 비행 청소년을 보호하고 선도하기 위하여 '소년법'을 만들었어요.

소년법은 죄를 저지른 청소년에게 적용하는 법이에요. 소년법에서는 청소년을 특별히 보호해야 할 필요가 있을 때 보호처분을 할 수 있고, 형사 처벌을 할 때에도 청소년의 특성에 맞게 생활할 수 있도록 배려하는 특별한 규정을 두고 있어요.

보호처분과 형사처벌

만 14세 이상의 청소년이 가벼운 범죄를 저지른 경우에는 경찰서에서 훈방으로 풀려날 수 있어요. 훈방이란, 죄가 가볍고 피해자가 없으며, 본인이 잘못을 뉘우치고 있을 때 경찰서장이 훈계를 하고 보내 주는 것이에요. 그런데 만 10세 이상에서 만 14세 미만의 청소년이 범죄를 저질렀을 때는 검사에게 보내지는 않지만, 법원의 소년부로 보내져요.

경찰은 만 14세 이상의 청소년이 범죄를 저질렀을 때 원칙적으로 사건을 검사에게 보내요. 검사는 경찰에서 보내온 범죄소년을 수사한 결과, 죄의 정도가 나쁘지 않고, 자신의 죄를 뉘우치고 있다면 범죄소년을 법원의 소년부에 보내요. 또는 재판을 요구하지 않고 일정한 기간 동안 선도를 받으며 잘못을 뉘우치게 하기도 해요. 법원의 소년부에서는 비행 청소년에 대한 소년 분류 심사원의 심사를 참고로 해서 보호 관찰을 받게 하거나 소년원에 보내는 등의 보호처분을 결정해요. 형법상 만 14세 미만의 청소년은 책임 능력이 부족하다고 보아 형사 처벌을 내리지 않기 때문이에요.

그러나 죄가 무거울 경우에는 형사 법원으로 보내 일반 어른들의 범죄와 같이 형사 사건으로 다루어요.

보호처분 대상이 되는 청소년

보호처분 대상이 되는 청소년은 일반적으로 범죄소년, 촉법소년, 우범소년으로 분류할 수 있어요. 범죄소년은 죄를 범한 만 14세 이상에서 만 19세 미만의 소년이고, 촉법소년은 형벌 법령에 저촉되는 행위를 한 만 10세 이상에서 만 14세 미만의 소년이에요. 그리고 우범소년은 성격이나 환경에 비추어 범죄를 저지를 우려가 있는 만 10세 이상에서 만 19세 미만의 소년이에요.

보호처분을 받은 청소년은 부모나 보호자, 소년 보호 시설에 맡겨져 보호를 받거나, 병원이나 요양소 등에서 치료를 받아요. 또는 보호관찰, 사회봉사명령, 수강명령을 받을 수도 있고, 소년원에 들어가 교육과 상담을 받을 수 있어요.

청소년이 보호처분을 받는다고 해서 전과자가 되는 것은 아니에요. 보호처분은 형사 처분과는 달리, 청소년의 장래에 나쁜 영향을 미치지 않아요.

소년 분류 심사원과 소년원은 어떤 곳이에요?

소년부 판사가 비행 청소년의 보호처분을 결정하기 위해서는 잘못을 저지른 청소년의 성격과 환경에 대한 자료가 필요해요. 이 자료를 제공하는 곳이 소년 분류 심사원이에요. 심리 검사, 행동 관찰, 진로 상담 및 분류 심사를 통하여 해당 청소년의 문제와 해결 방법을 알려 주지요.

이에 비해 소년원은 보호처분을 받고 들어온 비행 청소년을 교육하는 곳이에요. 일종의 학교와 같은 곳으로, 자신의 적성에 맞는 교육을 받을 수 있어요. 소년원을 졸업하면 초·중·고등학교의 정식 졸업장을 받을 수 있고, 일반 학교로 전학이나 편입학도 가능하답니다.

3장 소년이 무거운 죄를 지으면 어떻게 돼요?

소년법에 따르면, 죄를 저지른 소년에 대하여 처분을 내릴 때에는 보호처분을 원칙으로 하여 법을 적용해요. 형사 처분을 해야 할 경우에도 여러 가지 특별한 규칙을 적용하여 소년이 이후에 건전하게 자랄 수 있도록 먼저 생각하지요.

이처럼 범죄소년은 보호처분이나 형사 처분을 받게 돼요. 아주 사소한 절도 행위를 한 소년에 대해서는 엄격한 형사 처벌보다 보호처분을 내려요. 아직 나이가 어린 촉법소년이나, 잘못된 행동에 빠질 우려가 있는 우범소년들에 대해서도 보호처분을 할 수 있어요.

하지만 무거운 죄를 지은 만 14세 이상의 소년은 어쩔 수 없이 성인 범죄자와 동일하게 형사 처분을 받을 수밖에 없어요. 형사 처분인 징역형을 받는 경우에는 소년 교도소로 가게 돼요. 소년 교도소는 징역이나 금고형을 받은 소년들을 수용하기 위해 일반 교도소와는 독립된 시설로 만들어진 교도소를 말해요.

그러나 소년법은 아직 판단력이 부족하고 세상의 유혹에 쉽게 빠질 수 있는 소년의 입장을 고려하고 있어요. 예를 들어 수사나 형사 재판 중이라도 가능하면 친절하고 따뜻한 분위기에서 조사를 받을 수 있도록 하고 있지요. 또 교육을 받을 때에도 성인 범죄자들과 분리된 장소에서 교육을 받게 하고 있답니다.

만 14세 미만의 형사 미성년자도 벌을 받아요?

형법에는 만 14세가 되지 아니한 어린이나 청소년은 '형사 미성년자'라고 해서 범죄를 저질러도 형사 처벌을 할 수 없도록 되어 있어요. 만 13세 이하의 어린이들은 자신의 행동을 책임질 수 있는 능력이 없다고 판단하기 때문이에요.

그러나 소년법에서는 만 10세 이상에서 만 19세 미만의 비행 청소년에 대하여 보호처분을 할 수 있기 때문에 만 10세 이상에서 만 14세 미만의 비행 청소년도 소년원에 보내거나 보호 관찰을 받을 수 있어요. 또한 소년의 처벌 여부와는 관계없이 부모 등 보호자는 피해자에게 민사상 손해를 물어 줄 책임을 지게 되지요.

예를 들어 만 18세 소년이 흉기를 들고 남을 위협하여 물건을 빼앗아 특수절도죄를 범하였을 경우에는 형법 제331조에 의하여 1년 이상, 10년 이하의 징역형에 처해질 수 있어요. 그러나 이 사건에서 범죄인이 만 18세의 소년이므로 특별히 보호처분의 필요성이 있다고 인정되는 경우, 그 소년의 성격과 환경을 고려하여 소년부 판사로부터 보호처분을 받을 수 있어요.

만약 이 소년이 만 13세일 경우에는 '형사 미성년자'라고 하여 형사 처벌의 책임을 면제받아요. 그러나 이 경우에도 보호처분을 받을 수 있어요. 먼저 이 소년이 비행을 저지른 원인을 밝혀낸 다음, 소년부 판사가 특별한 지도를 받을 필요가 있다고 결정하면 보호관찰을 받거나 소년원에서 교육을 받을 수도 있답니다.

지식 플러스

청소년 유해 환경을 멀리하라!

청소년 유해 환경을 가까이하면 청소년의 몸과 마음이 병들어요.
그럼 청소년 유해 환경에는 어떤 것들이 있는지 알아볼까요?

유해 매체물을 접하지 않아요!

폭력물이나 성인물을 담은 비디오, 게임, 영화, 연극, 인터넷 성인 사이트 등을 '유해 매체물'이라고 해요. 청소년들이 폭력적이거나 선정적인 내용, 비윤리적인 내용을 접하지 못하게 하기 위해 볼 수 있는 나이를 제한하는 등급제를 실시하고 있어요.

유해 업소에 드나들지 않아요!

청소년들은 술집, 비디오방, DVD방, 전화방, 노래방, 성인용 오락실 등에 드나들거나 그런 곳에서 일을 할 수 없어요. 다만 청소년실을 갖춘 노래방은 오전 9시부터 오후 10시까지 이용할 수 있어요.

꼭꼭 확인 퀴즈!

(   )에 맞으면 ○, 틀리면 × 하세요.

① 민법상 미성년자는 만 20세 미만인 사람을 가리킨다. ( )
② 만 19세 미만의 청소년이라도 부모의 심부름이라면 담배를 살 수 있다. ( )
③ 청소년실을 갖춘 노래방에는 정해진 시간에 한해 청소년들도 출입이 가능하다. ( )

유해 구역에 가지 않아요!

청소년의 신체적·정신적 건강을 해칠 우려가 있는 지역을 '청소년 유해 구역'이라고 해요. 유해 구역에는 청소년의 통행을 금지한 '청소년 통행 금지 구역'과 통행할 수 있는 시간을 제한한 '통행 제한 구역'이 있어요.

유해 약물을 사지 않아요!

술, 담배, 본드와 같이 청소년의 몸과 마음을 심각하게 훼손할 수 있는 약물을 '유해 약물'이라고 해요. 유해 약물은 청소년에게 팔지 못하게 되어 있어요. 따라서 청소년들은 유해 약물을 구입해서도 안 되고, 어른들의 담배 심부름을 해서도 안 돼요.

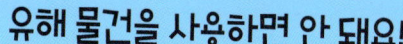

유해 물건을 사용하면 안 돼요!

청소년에게 음란한 행위를 유도하는 성 기구와 음란성·잔인성·사행심을 조장하는 완구류 등을 '유해 물건'이라고 해요. 이런 물건들은 청소년의 몸과 마음에 큰 상처를 줄 우려가 있기 때문에 청소년들이 사용해서는 안 돼요.

쏙쏙 퀴즈 확인! 정답

① X : 청소년 유해 구역 안에 미성년자가 절대로 들어갈 수 없는 건 아니에요. 청소년 통행 금지 구역 안에는 미성년자가 절대로 들어갈 수 없지만, 청소년 통행 제한 구역 안에는 제한 시간까지 출입이 허용될 수 있어요.
② X : 청소년은 담배를 구입할 수 없어요.
③ O : 금은 미성년자가 마시거나 피울 수 없어요. 술과 담배는 유해 약물이기 때문에 미성년자가 마시거나 피울 수 없어요.

4장
학교 폭력과 성폭력에 대한 법

어떤 경우라도 폭력을 행사하는 것은 잘못된 일이에요.
특히 학교 폭력과 성폭력은 무거운 범죄이지요.
학교 폭력과 성폭력에 대한 법을 함께 알아볼까요?

학교 폭력은 법으로 금지되어 있다고요?

학교 폭력이 뭐예요?

우리는 학교에서 많은 시간을 보내며 생활하고 있어요. 그런데 이러한 학교생활에서 폭력적인 행동을 당한다면 정말 힘들 거예요. 그럼 과연 어떤 행동이 학교 폭력일까요?

단지 신체에 폭력을 가하는 행동만이 학교 폭력이 아니에요. 정신적, 재산상의 피해를 주는 행동도 학교 폭력에 포함돼요. 우리나라는 '학교 폭력 예방 및 대책에 관한 법률'에서 학교 폭력에 대해 규정하고 있어요. 학교 폭력은 학교 안팎에서 학생을 대상으로 한 폭행, 감금, 협박, 모욕, 성폭력, 따돌림 및 정보 통신망을 이용한 음란·폭력 정보 등에 의하여 신체·정신 또는 재산상의 피해를 주는 행위 등을 말해요.

자신은 장난이라고 생각하고 행동했다고 해도 피해를 당한 사람이 장난이 아니라고 느끼면 모두 폭력이 될 수 있어요. 때리거나 치고 지나가거나 미는 행동, 발로 차고 침을 뱉는 행동, 돈이나 물건을 빼앗고 가져가서 돌려주지 않는 행동, 욕을 하거나 하기 싫은 일을 시키는 행동, 약점을 잡아 놀리거나 괴롭히는 행동, 일부러 무시하거나 나쁜 말을 퍼뜨리는 행동, 급식을 혼자 먹게 하거나 모둠 활동에서 따돌리는 행동 등도 모두 학교 폭력이 될 수 있지요.

또한 학교 밖에서 학생이 아닌 사람에 의해 맞거나 괴롭힘을 당해도 피해를 입은 사람이 학생의 신분이라면 학교 폭력에 해당돼요.

4장
집단 괴롭힘도 학교 폭력이에요

"엄마, 저 학교 가기 싫어요. 아빠, 학교가 무서워요."

요즈음 흔히 '왕따'라고 불리는 집단 따돌림이나 집단 괴롭힘이 매우 심각한 사회 문제가 되고 있어요.

집단 따돌림은 여러 학생들이 집단적으로 특정한 한 학생을 따돌리는 행동을 말해요. 집단 따돌림은 피해를 당한 학생에게 심각한 마음의 상처를 주고, 때로는 돌이킬 수 없는 결과를 가져오기도 해요. 나이가 어리거나 몸집이 작거나 힘이 약한 학생 등을 대상으로 한다는 점에서 특히 비겁하고 나쁜 행동이지요.

이러한 집단 따돌림을 단지 장난으로 했다거나 아무 생각 없이 했다는 변명은 통하지 않아요. 또 집단 따돌림은 범죄가 아니므로 법적 책임을 지지 않을 것이라는 생각은 크게 잘못된 생각이에요. 심리적인 괴롭힘이나 따돌림으로 처벌이 어렵고 피해를 증명할 명확한 증거가 없는 경우도 있지만, 친구를 괴롭히고 따돌리는 것도 엄연히 법을 어기는 행동으로 처벌을 받을 수 있기 때문이에요.

예를 들어 집단 따돌림을 통해 친구를 때렸다면 폭행죄로 처벌받을 수 있고, 친구를 협박했다면 협박죄로 처벌받을 수도 있어요. 전혀 말을 걸지 않거나 상대를 무시하는 행위도 학교 폭력이에요. 집단 따돌림은 학교 폭력의 시작일 수도 있는 무서운 행동이에요.

그렇다면 단지 집단 따돌림이 학교 폭력이며 범죄 행위이기 때문에 해서는 안 되는 것일까요? 이러한 이유 때문이 아니더라도 친구를 괴롭히거나 따돌리는 행동은 같은 학생으로서, 친구로서 당연히 해서는 안 되는 행동이랍니다.

학교 폭력을 가하면 어떻게 돼요?

　학교 안팎에서 일어나는 수많은 폭력을 예방하고 피해를 입은 학생을 보호하기 위한 법이 있어요. 바로 '학교 폭력 예방 및 대책에 관한 법률'이에요. 친구를 괴롭히거나 폭력을 휘두른 가해 학생은 이 법에 의해 여러 가지 징계를 받게 되지요.

　피해 학생에게 문서로 사과를 해야 할 수도 있고, 반을 옮기거나 전학을 가야 하기도 해요. 학교 안이나 밖에서 봉사를 해야 할 수도 있지요. 또한 출석 정지가 내려질 수도 있고, 상담 선생님이나 전문가 선생님에게 심리 치료를 받거나 특별 교육을 받아야 할 수도 있어요. 학교 폭력의 정도가 심할 때에는 퇴학을 당하기도 해요. 하지만 퇴학은 고등학생의 경우에만 해당돼요.

학교 폭력 가해자의 처벌

　학교에서의 징계와는 별도로 학교 폭력은 범죄 행위로 처벌받을 수도 있어요. 만 10세 이상의 청소년이 친구를 심하게 괴롭힌 경우에는 소년원에 가거나 보호관찰 처분을 받을 수 있어요. 또, 피해 학생의 치료비를 부모님이 대신 갚아 주어야 해요.

　이러한 학교 폭력이 발생하면 학부모들 사이에서도 갈등이나 마찰이 생겨요. 학교 폭력을 가한 학생의 부모 중에는 자신의 자녀가 폭력적인 행동을 하지 않았다며 인정하지 않으려고 하기도 하고, 아이들끼리의 일이라며 은근슬쩍 넘어가려고 하기도 해요. 오히려 피해를 입은 학생의 잘못이라며 피해 학생 쪽에 더 큰 상처를 주기도 하지요.

　이처럼 학생들에게 큰 고통을 주는 학교 폭력이 더 이상 일어나지 않도록 모두 함께 노력해야 해요.

학교 폭력을 당하면 어떻게 해야 돼요?

자신이 학교 폭력을 당했거나 주변에서 학교 폭력이 일어나는 것을 보았다면 그냥 지나쳐서는 안 돼요. 선생님이나 부모님에게 사실을 알리고, 상황이 심각하다면 경찰에 신고하여 도움을 받아야 해요. 절대로 혼자 고민하거나 괴로워해서는 안 돼요.

집단 따돌림을 포함한 학교 폭력은 피해 학생에게 정신적, 신체적으로 큰 충격과 아픔을 주는 행동이에요. 다시는 이러한 일이 일어나지 않게 조치를 받고, 마음의 상처를 극복하기 위해 도움을 받아야 해요.

우선 학교 폭력으로 피해를 받은 학생은 전문 상담가의 심리 상담을 받는 것이 좋아요. 심리 상담만으로 부족할 때에는 의료 기관에 입원하거나 통원 치료를 받을 수도 있어요. 지속적인 폭력이나 보복을 당할 우려가 있는 경우에는 일시적으로 보호 시설이나 집, 학교 상담실 등에서 보호를 받을 수 있어요. 또 가해 학생과 격리하기 위해서 반을 바꿀 수도 있지요.

우리 주변에는 학교 폭력을 당하는 어린이와 청소년을 보호하고 도와주는 국가 기관이나 시민 단체가 많이 있어요. 이러한 기관들은 피해 청소년을 보호할 목적으로 쉼터를 제공하거나 상담, 의료 및 법률 지원 등 각종 서비스 활동을 하고 있어요. 이러한 곳들을 적극적으로 활용하는 것도 좋은 방법이 될 거예요.

학교 폭력을 상담하거나 신고할 수 있는 곳

자신이 학교 폭력을 당하거나 주위 친구들이 당하는 것을 보았을 때, 상담하거나 신고할 수 있는 곳들을 잘 알아 두세요.
- 아동·여성·장애인 경찰 지원 센터
  (www.safe182.go.kr ☎117)
- 푸른나무재단(청소년폭력예방재단)(btf.or.kr)

학교 폭력을 상담하는 모습

성폭력이 뭐예요?

요즈음 경제가 점점 어려워지고 사회가 복잡해지면서 범죄도 점점 포악해져 가고 있어요. 그러면서 성범죄 또한 늘어 가고 있는데, 특히 아동과 청소년을 대상으로 하는 성범죄가 늘고 있지요. 아동과 청소년은 어른보다 힘이 약하기 때문에 성범죄의 위험에 더 많이 노출되어 있기 때문이에요.

힘없는 아동에게 가하는 아동 성폭력

아동 성폭력이란 어른이 자신의 성적 욕구를 충족시키기 위해 물리적인 힘뿐만 아니라, 여러 가지 힘의 차이를 이용하여 아동에게 가하는 모든 성적 행위를 말해요. 힘의 차이에는 나이, 지적 수준, 사회적 지위 등이 포함돼요.

실제로 아동과 청소년의 몸을 만지는 행위뿐만 아니라 만지지 않은 행위도 아동 성폭력이 될 수 있어요. 몸을 만지는 행위는 아동과 청소년의 가슴, 엉덩이 등 몸의 부분을 만지는 것을 말해요. 만지지 않은 행위에는 성적인 말을 하거나 아동과 청소년에게 음란물을 보여 주는 것 등이 있어요.

성폭력은 학교 폭력에도 포함돼요. 아동과 청소년이 학교 밖에서 성폭력을 당한 경우에도 학교 폭력으로 인정되어 보호받을 수 있어요.

또래 관계에서 벌어지는 또래 성폭력

또래 성폭력은 또래 관계에서 힘의 차이를 이용하여 성과 관련된 옳지 못한 행동을 하는 것을 말해요. 즉, 피해 학생과 가해 학생이 비슷한 또래인 경우의 성폭력을 의미하는데, 전혀 모르는 학생들끼리 발생하기도 하지만 아는 사이에서 발생하는 경우도 많아요. 서로 사귀고 있는 학생들 간의 데이트 성폭력도 또래 성폭력에 포함되지요.

또래 성폭력의 행동은 다양하게 나타나고 있어요. 화장실을 몰래 훔쳐보거나, 치마를 올리거나 바지를 내리는 행동, 특정한 신체 부분에 대하여 놀리거나 가슴이나 엉덩이 등 몸을 만지는 행동, 야한 그림이나 사진, 동영상을 보여 주는 행동 등이 모두 또래 성폭력이에요. 이러한 행동은 친구가 수치심을 가지거나 신체적으로 상처를 입을 수 있기 때문에 해서는 안되는 나쁜 행동이에요.

이러한 또래 성폭력도 학교 폭력과 마찬가지로, '학교 폭력 예방 및 대책에 관한 법률'에 의해 징계를 받을 수 있어요. 소년원에 가거나 보호관찰을 받을 수도 있지요. 만 14세 이상일 경우에는 무거운 죄로 여겨져 소년 교도소에 갈 수도 있어요.

또 다른 심각한 범죄 행위, 성희롱

성희롱은 상대방의 의사에 관계없이 성적으로 수치심을 주는 말이나 행동을 하는 것이에요. 주로 직장 같은 곳에서 많이 일어나지요. 높은 위치에 있는 사람이 자신의 지위를 이용하여 포옹 등의 신체 접촉을 하거나 야한 농담이나 외모에 대하여 성적인 말을 하는 것 등이 해당돼요. 이러한 성희롱은 심각한 범죄 행위랍니다.

화장실을 몰래 훔쳐보는 행동

치마를 올리거나 바지를 내리는 행동

특정한 신체 부분에 대하여 놀리는 행동

야한 그림이나 사진, 동영상을 보여 주는 행동

성폭력은 무거운 범죄!

성폭력은 여자뿐만 아니라 남자도 피해자가 될 수 있어요. 나는 남자니까 괜찮다는 생각을 해서는 안 돼요.

또한 성폭력으로 입은 피해는 신체적인 상처뿐만 아니라 정신적, 심리적으로도 큰 상처가 돼요. 피해의 후유증도 오래 남게 되지요.

이렇듯 많은 피해를 남기는 성폭력은 무거운 범죄로 다루고 있어요. 특히 아동·청소년 성 보호에 관한 법률에 의해 아동·청소년을 대상으로 성폭행을 한 사람은 무기 징역 또는 5년 이상의 징역에 처하고 있어요. 장애인인 아동·청소년을 대상으로 성폭력을 한 사람은 더 강하게 처벌하고 있지요.

실제로 2012년 통영에서 초등학생을 성폭행하려다가 살인한 사람에게 무기 징역형이 내려졌어요. 또 2013년 인천에서 남자 초등학생을 강제로 추행한 사람에게는 10년의 징역형이 내려졌지요.

최근에는 법이 개정되어 성폭행을 당한 피해자가 신고를 하지 않아도 처벌을 할 수 있게 되었답니다.

성폭력 예방을 위해 시위하는 모습

성폭력으로부터 서로를 지켜 주려면 어떻게 해야 돼요?

성폭력을 예방하기 위해서는 언제나 조심해야 해요. 또, 위험한 상황이 닥쳤을 때 어떻게 대처해야 할지 미리 알아 두는 것이 좋아요. 그럼 성폭력을 예방하고 대처할 수 있는 방법을 알아볼까요?

학교 공부가 끝나면 되도록 혼자 다니지 말고 친구들과 함께 집에 돌아가는 것이 좋아요. 이때 사람들이 많이 다니는 큰길로 다니고, 모르는 사람의 차는 타지 마세요. 낯선 사람이 따라오거나 붙잡을 때에는 큰 소리를 질러 주위에 도움을 요청하세요. 또한 인터넷으로 알게 된 사람을 함부로 만나는 것은 위험한 행동이에요.

우리는 원하지 않는 성 접촉을 거절하거나 거부할 수 있어요. 원하지 않는 성 접촉을 당할 상황에 맞닥뜨리면 '싫어요.'라고 분명하게 거부 의사를 밝혀야 돼요. 싫거나 나쁜 느낌을 분명하게 말하고, 거절할 때에는 표정도 확실히 하는 것이 좋아요. '내 몸의 주인은 나'이기 때문에 내가 원하는 것을 당당하게 주장해야 해요.

주위에서 성폭력이 발생했을 때에는 나와 상관없는 일이라고 생각하고 그냥 지나치지 말고, 어른에게 꼭 이야기하세요. 특히 또래 성폭력이 발생했을 때에는 두려워하지 말고 바로 선생님이나 부모님께 알려야 해요.

무엇보다 이러한 또래 성폭력의 가해자가 되어서는 안 돼요. 그러기 위해서는 상대방을 존중하는 태도를 가지며, 성적인 행동을 하기 전에 내

자신 또는 가족이 성폭력을 당한다면 어떤 기분이 들지 생각해 보는 것이 필요해요. 또 아무리 가까운 친구라도 몸을 함부로 만지거나 허락 없이 사진을 찍어서는 안 된답니다.

5장 우리 생활 속의 법

법은 우리의 일상생활과 멀리 떨어져 있지 않아요. 학용품을 살 때에도, 학교 급식 시간에도, 인터넷으로 게임을 할 때에도, 그리고 가정생활을 할 때에도 우리는 법의 보호를 받고 있답니다. 우리의 일상생활과 밀접한 관계가 있는 법에는 어떤 것들이 있는지 지금부터 알아볼까요?

우리 생활 속에는 다양한 법이 있어요

5장 소비자는 법의 보호를 받아요

 돈을 주고 물건을 사거나 서비스를 받는 사람을 '소비자'라고 해요. 그런데 요즈음에는 수많은 물건들이 판매되고 있어서 소비자가 물건을 살 때 어떤 것이 좋고 나쁜지를 판단하기 어려울 때가 있어요. 게다가 물건을 만드는 기업들이 서로 지나치게 경쟁하면서 상품에 대한 정보를 숨기기도 하여 소비자가 손해를 입는 경우도 있어요.

 따라서 국가는 약자인 소비자를 적극적으로 보호할 필요성이 커졌어요. 소비자의 권리를 분명히 밝히고 보호하기 위해 만든 법이 '소비자기본법'이랍니다.

시장이 소비자 중심으로, 소비자 주권

 소비자는 단순히 기업이 만든 제품을 사는 것에 만족하지 않고, 제품에 대한 자신의 생각을 기업에 적극적으로 알려요. 그러면 기업은 소비자의 요구를 제품에 반영하기 위해 노력하지요.

 예를 들어 휴대 전화를 사용하는 사람들은 사용하다가 불편한 점을 고객 센터에 알리기도 하고, 자신의 생활 방식에 맞는 요금제를 찾아 통신 회사를 바꾸기도 해요. 그러면 통신 회사는 고객을 놓치지 않기 위해 불편한 점을 개선하고, 소비자가 원하는 다양한 요금제를 만들지요.

 이렇게 시장이 공급자 중심에서 소비자 중심으로 바뀌어 가고 있는 현상을 '소비자 주권'이라고 해요. 어느 학자는 제품을 생산할 때 소비자의 역할이 커지는 것을 보고, 생산자를 뜻하는 프로듀서(producer)와 소비자를 뜻하는 컨슈머(consumer)의 합성어로 '프로슈머(prosumer)'라는 말을 만들기도 했어요.

소비자의 8대 권리

영수증의 역할

물건을 살 때에는 영수증을 반드시 받아야 해요. 조그마한 물건을 사더라도 그것은 곧 거래이며 계약이기 때문이에요. 영수증은 그 물건을 판 사람과 계약을 맺었음을 증명하는 역할을 하지요. 그래서 물건을 교환이나 환불할 때에 영수증이 꼭 필요해요. 영수증이 없으면 거래가 있었던 것을 증명할 방법이 없으므로 다른 물건으로 교환받거나 돈으로 돌려받기가 어렵게 되지요.

또한 영수증은 나라의 재정을 튼튼하게 하는 역할을 해요. 정부는 발급된 영수증을 통해 물건값에 포함된 세금을 거두기 때문이에요. 이렇게 정부의 재정을 튼튼하게 하고 소비자에게는 연말에 일부 세금을 돌려주는 혜택을 주기 위해 2005년 1월 1일부터 '현금 영수증 제도'를 실시하고 있어요.

현금 영수증 제도는 물건을 구입할 때 주민 등록 번호나 신용 카드, 휴대 전화 번호 등을 제시하면 현금 영수증을 발급하여 연말에 소득 공제나 세액 공제의 혜택을 주는 제도예요.

교환과 환불

소비자는 자신이 구입한 물건에 흠이 있는 경우에 교환이나 환불을 요청할 수 있어요. 이때 판매자는 물건을 팔 때에 흠이 있다는 것을 알았든지 몰랐든지 책임을 져야 해요.

예를 들어 밥솥을 샀는데 제품의 불량으로 인해 폭발이 발생하여 부상을 당했다면, 물건의 결함으로 인해 사고를 당한 것이므로 소비자는 배상을 받을 수 있어요. 우리나라 법에는 이런 사고에 대비하여 소비자를 보호하기 위해 만들어진 '제조물 책임법'이 있어요. 그러나 만일 소비자가 제품에 흠이 있다는 것을 미리 알고 있었다면 판매자는 책임을 지지 않을 수 있으므로 제품을 살 때 잘 살펴보아야 해요.

바꾸어 드릴게요, 리콜제

한 가전 업체에서 만든 압력 밥솥이 폭발 사고를 일으킨 적이 있었어요. 그러자 그 업체는 문제가 된 제품을 전부 회수하여 공짜로 신제품으로 교환해 주고 보상금을 지급하였어요. 이처럼 어떤 제품에 결함이 발견되었을 때, 생산 기업에서 그것을 숨기지 않고 공개적으로 인정하고 그 제품을 회수하여 수리, 교환, 환급 등의 조치를 해 주는 제도를 '리콜제'라고 해요.

5장 미성년자도 계약을 할 수 있어요?

어린이들이 게임 사이트에 가입하거나 휴대 전화를 개통할 때는 부모님의 동의가 있어야 해요. 어른들은 그렇지 않은데, 왜 어린이들은 이러한 동의가 있어야 할까요?

어린이들은 어른들보다 사회 경험이 적고 자신의 의사를 합리적으로 결정할 수 있는 능력이 부족해요. 그래서 자신에게 불리한 계약을 맺을 가능성이 높기 때문에 우리나라 민법에서는 어린이와 같은 미성년자를 특별히 보호하고 있어요.

민법에서는 만 19세 미만의 미성년자는 혼자서 유효한 법률 행위를 할 수 없다고 규정하고 있어요. 즉, 미성년자는 만 19세 이상이 되어야만 혼자서 유효한 계약을 맺을 수 있도록 하는 것이지요.

그렇다면 미성년자는 전혀 계약을 맺을 수 없는 것일까요? 원칙적으로 미성년자도 자신의 행동이 옳고 그른지를 판단할 수 있으면 계약을 맺을 수 있어요. 다만 그 법률 행위를 할 때에는 법정 대리인의 동의를 받아야 해요.

그렇다면 법정 대리인은 누구일까요? 미성년자의 1차적인 법정 대리인은 부모예요. 만약 부모가 없거나, 있어도 대리인을 할 수 없는 경우에는 2차적 후견인인 할머니, 삼촌, 고모 등의 친척이 법정 대리인이 될 수 있어요.

5장 스쿨 존이 뭐예요?

어린이 보호 구역을 알리는 표지판

학교 앞을 다니면서 '스쿨 존(School Zone)' 이라는 표지판을 본 적이 있나요? 도대체 스쿨 존이 뭘까요?

어린이들은 몸집이 작아서 운전자의 눈에 잘 띄지 않아요. 또 주위를 잘 둘러보지 않고 급하게 행동할 수 있기 때문에 사고가 날 위험이 크지요. 실제로 어린이들이 많이 오고 가는 학교 근처에서 어린이들의 교통사고가 자주 일어나요. 그래서 스쿨 존이 필요한 것이지요.

스쿨 존은 유치원이나 초등학교 주변에 설치한 어린이 보호 구역으로, 학교 정문에서 300미터 이내의 통학로를 말해요. 스쿨 존에는 어린이들을 보호하고 교통사고로 인한 피해를 줄이기 위해 안전표지와 도로 반사경, 과속 방지 턱 등이 설치되어 있어요. 또한 자동차는 스쿨 존 안에서 주차나 정차를 할 수 없고, 시속 30킬로미터 이하로 천천히 달려야 해요.

스쿨 존 외에도 학교 주변에는 학생들을 보호하기 위하여 '학교 정화 구역'이라는 제도를 두고 있어요. 유해한 환경으로부터 학생들을 보호하기 위해 학교 정화 구역 내에는 노래방, 술집, 오락실, 만화방, 피시방 등이 들어설 수 없도록 하고 있지요.

5장 학교 급식에도 법이 적용된다고요?

학교생활을 하면서 가장 기다려지는 시간은 언제인가요? 아마 급식 시간이 아닌가요? 그런데 법과는 전혀 관계없어 보이는 학교 급식 시간도 법과 관련되어 있어요.

한창 클 시기의 어린이들은 음식을 잘 먹어야 해요. 음식을 잘못 먹으면 큰일이 나지요. 특히 학교에서 급식을 먹고 집단 식중독이 발생하면 안 되겠지요?

이렇게 학교 급식은 성장기의 어린이들이 섭취하는 음식이므로 철저하게 관리해야 해요. 그래서 정부는 학생들의 안전을 위해 '식품위생법'과 '학교급식법'에 의해 급식을 엄격하게 관리하고 있어요.

학교 급식을 하기 위해서는 학교장이 시청, 구청 등에 신고를 해야 하고, 주기적으로 위생 상태를 검사받아야 해요. 만약 학교 급식에 문제가 생긴다면, 학교급식법에 따라 급식을 담당한 업체뿐만 아니라 학교장도 책임을 지게 되어 있어요. 이렇게 학교 급식에서도 어린이들은 법적인 보호를 받고 있지요.

이러한 학교급식법은 학교 급식을

안전한 학교 급식을 위해 음식 재료를 점검하는 모습

통해 학생의 심신을 건전하게 발달시키고, 한걸음 더 나아가 국민 식생활 개선에 기여하기 위해 1981년에 만든 법이에요. 특히 이 법은 어린이들이 먹을 음식의 위생뿐만 아니라 그 속에 담긴 영양도 강조하고 있답니다.

5장 과외 수업을 할 때 신고해야 하나요?

어떤 친구는 학교 공부에서 부족한 부분을 보충하기 위해 과외 수업을 받거나 학원에 다녀요. 예전에는 이것이 불법인 적도 있었지만 지금은 그렇지 않아요. 그러면 학교와 과외나 학원의 다른 점은 뭘까요?

우선 학교 선생님은 국가에서 인정한 교사 자격증이 있어야 하지만, 과외나 학원 선생님은 특별한 자격이 필요하지 않아요. 그렇지만 과외의 경우에는 '개인 과외 교습 신고제'라는 제도가 있어서 반드시 국가에 신고해야 해요. 왜냐하면 모든 국민이 돈을 벌면 국가에 세금을 내듯이, 과외 수업도 돈을 버는 행위이므로 신고를 하고 세금을 내야 하기 때문이에요. 단, 대학에 다니는 사람은 세금은 내야 하지만 과외 교습은 신고하지 않아도 돼요.

그렇다면 학원의 경우는 어떨까요? 학원은 '학원의 설립·운영 및 과외 교습에 관한 법률'에 의해 허가를 받아야 설립할 수 있어요. 그리고 학생들은 학원과 관련해서 문제가 발생했을 때에 법의 보호를 받을 수 있지요. 예를 들어 학원에 등록한 후에 강사나 수업이 마음에 들지 않을 경우에는 학원비를 돌려받을 수 있게 법으로 정해 놓았어요. 또 강의가 시작되었더라도 이미 받은 수업을 제외한 나머지 날에 대한 학원비를 돌려받을 수 있어요. 그런데 환불을 받기 위해서는 수강증이나 학원비 납부 영수증을 꼭 받아 두어야 해요. 만약 정당한 이유 없이 학원비를 돌려주지 않을 때에는 한국 소비자원에 신고하여 도움을 받을 수 있답니다.

학생들의 권리, 학습권

사람은 태어나면서부터 학습을 통해 인격을 형성하고 인간의 존엄과 가치를 실현할 권리를 가지고 있어요. 이러한 권리를 '학습권'이라고 해요. 학습권에는 학생이 학교 시설을 이용할 수 있는 권리, 선생님께 공부를 가르쳐 달라고 요청할 권리, 좋아하는 학교나 학원을 선택해서 다닐 수 있는 권리, 배울 수 있는 권리가 있어요. 헌법은 모든 국민이 교육받을 권리를 보장하고 있고, 교육 기본법에서도 '모든 국민은 평생에 걸쳐 학습하고, 능력과 적성에 따라 교육받을 권리를 가진다.'고 정해 놓았답니다.

5장 주운 물건을 사용하면 안 된다고요?

길을 가다가 어떤 물건이나 돈을 주운 경험이 있나요? 그때 어떻게 하였나요? 만약 좋은 물건을 주웠다면 순간적으로 기쁜 마음이 들고, 모른 척하고 자기가 쓰고 싶은 생각이 들 수도 있어요. 또 큰돈을 주웠다면, 주운 돈을 어떻게 해야 할지 심각하게 고민하게 될 수도 있을 거예요.

하지만 이때 명심해야 할 것은 길에서 주운 물건이나 돈에도 엄연히 주인이 있다는 사실이에요. 따라서 길에서 주운 물건이나 돈을 돌려주지 않고 자기가 함부로 사용하면 안 돼요. 이러한 행동은 남의 재산을 함부로 사용한 것과 같기 때문이에요.

주운 물건이나 돈을 함부로 사용하면 형법의 '점유이탈물횡령죄'나 '절도죄'가 될 수 있어요. 즉, 죄를 짓게 되는 것이에요. 더욱이 지갑에 든 수표나 신용 카드를 사용하면 죄가 더 커지게 된답니다. 그러니까 길에서 돈이나 물건을 주우면 근처에 있는 경찰서에 신고해야 해요.

그런데 한 가지 특이한 점은 지갑을 주운 사람에게도 지갑에 대한 권리가 있다는 것이에요. 경찰서에 신고하여 주인에게 지갑을 돌려주었다면, 돌려준 금액의 5~10퍼센트 범위에서 보상금을 받을 수 있답니다. 또 경찰서에 신고한 지 1년이 지난 후에도 주인이 나타나지 않는다면, 그 지갑은 주운 사람의 것이 될 수도 있어요.

아직 누구의 것도 아닌, 점유이탈물

점유이탈물은 점유한 사람의 의사와 상관없이 점유하지 않게 되어, 아직 누구에게도 속하지 않은 물건을 말해요. 예를 들어, 누군가가 잃어버린 물건, 잘못 배달된 우편물이나 물건, 다른 사람이 실수로 놓고 간 물건, 홍수 등의 자연재해로 떠내려간 물건 등이 있어요.

5장 사이버 공간에도 법이 있어요?

요즈음 사람들은 인터넷이 없이는 하루도 살 수 없을 정도가 되었어요. 사람들은 인터넷을 통하여 정보를 얻기도 하고 서로 이야기를 나누기도 하지요. 이러한 인터넷 세상, 사이버 공간에도 법이 존재할까요?

인터넷 사용자를 보호하기 위한 법

인터넷에 접속해서 전자 우편함을 열어 보니 광고 메일이 가득해서 화가 난 적 있나요? 광고 메일 때문에 정작 친구들이 보낸 메일은 찾기도 힘들고, 음란 메일까지 들어 있을 때도 있어요. 이러한 광고 메일을 통틀어 '스팸 메일(spam mail)'이라고 해요. 스팸 메일은 인터넷 사용자들의 마음을 불쾌하게 할 뿐 아니라, 컴퓨터 바이러스를 퍼뜨리고, 사용자의 허락 없이 악성 프로그램이 설치되는 등 많은 피해를 주고 있어요.

이러한 피해를 줄이기 위해 '정보 통신망 이용 촉진 및 정보 보호 등에 관한 법률'이 생겼어요. 스팸 메일의 피해로부터 인터넷 사용자를 보호하기 위한 법이지요. 만약 메일 받기를 거부했는데도 계속해서 광고성 메일을 보낼 경우, 검찰청이나 경찰청 사이버 수사대에 신고할 수 있어요. 그러면 스팸 메일을 보낸 사업자는 3년 이하의 징역 또는 3천만 원 이하의 벌금을 물게 되어 있어요. 또한 청소년에게 음란성 광고 메일을 보낸 사람은 징역 2년 이하, 또는 1천만 원 이하의 벌금을 물게 돼요.

사이버 폭력

사이버 공간에는 서로 얼굴을 볼 수 없고 자신이 드러나지 않는다는 점을 이용해서 다른 사람에게 폭언이나 욕설을 하는 사람이 있어요. 이러한 행동은 상대방의 기분을 상하게 할 뿐만 아니라, 심할 경우에는 상대방의 마음에 큰 상처를 줄 수 있어요.

이렇게 인터넷에서 폭언이나 욕설을 하거나 거짓된 정보를 퍼뜨리는 경우에는 사이버 폭력으로 법적인 처벌을 받아요. 상대방을 협박하고 그 협박이 상대방에게 공포감을 느끼게 한다면 '단순 협박죄'가 성립되지요. 그러면 3년 이하의 징역이나 500만 원 이하의 벌금, 구류, 또는 과료에 처할 수 있어요.

또한 단순히 공포감이나 불안감을 주는 글을 인터넷 게시판에 계속해서 올리거나 다른 사람에게 전송하는 경우에도 '정보 통신망 이용 촉진 및 정보 보호 등에 관한 법률'에 의하여 처벌을 받게 된답니다.

사이버 공간에서의 예절

현대를 살아가는 사람들에게 인터넷은 또 다른 생활 공간이에요. 즉, 사이버 공간도 일종의 사회적 공간이지요.

그러므로 상대방이 지금 내 눈앞에 보이지 않는다고 해서 함부로 글을 올리거나 거짓말을 하거나 욕설이나 폭언을 하는 행동은 모두 범죄 행위에 해당돼요. 자신이 드러나지 않는다는 이유로 범죄 행위를 아무렇지도 않게 저질러서는 안 돼요. 인터넷 공간에서도 기본적인 예의를 지켜 다른 사람에게 피해를 주는 일이 없도록 해야겠지요?

5장 저작권이 뭐예요?

요즈음 인터넷이 널리 보급되면서 예전에는 음반을 구입해서 듣던 음악을 인터넷을 통하여 공짜로 내려받아 듣는 경우가 많아졌어요. 공짜로 음악을 들을 수 있어서 좋다고요? 하지만 이러한 행동은 죄를 저지르는 것이랍니다.

인터넷을 통하여 영화나 음악 파일, 게임 등을 공짜로 내려받는 것은 저작권을 침해하는 불법 행위예요. 저작권이란 법적인 차원에서 음악, 영화, 게임 등을 만든 사람들에게 창작물에 대한 사용 권리를 주는 것을 말해요. 저작자의 권리를 보호해 주는 법이 바로 '저작권법'이에요.

그렇다면 저작권법은 왜 필요한 것일까요? 만약 사람들이 음반을 사지 않고 인터넷에서 내려받아 공짜로 음악을 듣는다면 음반은 잘 팔리지 않게 돼요. 음반이 팔리지 않으면 음악가나 음반 회사는 큰 피해를 입게 되지요. 그러면 음악가는 더 이상 새로운 음악을 만들지 못하게 되고, 결국 소비자는 새로운 음악을 들을 수 있는 기회를 잃게 될 거예요. 이처럼 저작권법은 창작한 사람의 권리를 보장함으로써, 좀 더 나은 작품을 창작할 수 있는 여건을 마련해 주기 위해 꼭 필요해요.

우리는 창작물을 만든 사람에게 돈을 지불하고 창작물을 사용해야 해요. 저작권법이 보호하고 있는 창작물을 아무 생각 없이 내려받아 창작자의 권리를 침해해서는 안 된답니다.

5장 가정생활에도 법이 필요해요

약혼과 결혼

나랑 결혼해 주겠어요?

약혼은 사랑하는 남녀가 결혼을 약속하는 거예요. 약혼식의 형식을 갖추지 않아도 "우리 결혼하자."라는 약속만으로 약혼은 성립될 수 있어요.

그럼 초등학교 어린이들이 손가락을 걸고 결혼을 약속한 것도 약혼이라고 할 수 있을까요? 물론 이것은 법적인 효력을 가지지 않아요. 약혼을 할 수 있는 나이가 법으로 정해져 있기 때문이에요. 만 18세가 넘으면, 부모의 동의를 얻어야 약혼을 할 수 있어요. 그리고 만 19세 이상일 경우에는 부모의 허락 없이도 약혼할 수 있지요.

약혼을 하면 가까운 장래에 결혼할 의무가 있기 때문에 오랫동안 결혼을 미루거나 취소할 경우에는 손해 배상 책임을 지기도 해요.

그렇다면 우리 부모님은 어떻게 부부가 되었을까요? 남자와 여자가 부부가 되어 함께 살기 위해서는 결혼을 해야 해요. 이를 법적으로 '혼인'이라고 해요. 결혼할 수 있는 나이는 법으로 정해져 있어요. 만 18세가 되면 부모의 허락을 받아 결혼할 수 있고, 만 19세부터는 부모의 허락이 없이도 결혼할 수 있어요. 그리고 만 19세가 안 된 미성년자라도 결혼을 하면 성인과 같은 대접을 받게 되고, 이들이 이혼을 하더라도 다시 미성년자로 보지는 않아요.

그러면 남녀가 결혼식을 올리고 함께 살기만 하면 법적으로 부부가 된 것일까요? 우리나라에서 법적인 부부로 인정받기 위해서는 구청이나 군청에 혼인 신고를 해야 해요. 그래야 부부로서 법적인 보호를 받을 수 있어요. 이를 '법률혼주의'라고 해요. 하지만 실제로 혼인 신고를 하지 않고 함께 사는 부부가 많기 때문에 이런 사람들을 일정한 범위 내에서 법적으로 보호해 주고 있어요. 이를 '사실혼주의'라고 해요.

이혼과 양육권

결혼한 부부가 헤어지는 이혼에는 부부가 서로 합의하여 이혼하는 '협의 이혼'과 한쪽은 이혼을 원하는데 다른 한쪽이 원하지 않아 법원의 재판을 통해 이혼하는 '재판 이혼'이 있어요.

협의 이혼을 하려면 먼저 부부가 법원에 가서 서로 이혼할 마음이 있음을 확인하는 서류를 제출하고, 판사의 확인을 통해 법원에서 주는 확인서를 받아요. 이것을 가지고 3개월 안에 부부 중 한 사람이 구청에 이혼 신고를 하면 돼요.

재판 이혼을 하려면 강제로 이혼할 만한 이유가 있어야 해요. 예를 들어 가족을 돌보지 않는 경우, 3년 이상 행방불명인 경우, 도박, 마약, 낭비벽 등으로 가정생활이 위협받아 더 이상 부부 관계를 유지하기 어려울 경우 등이 이혼할 수 있는 이유가 되지요.

그리고 부부가 이혼을 하게 되면 어느 한쪽이 보호자가 되어 자녀들을 키우게 되는데, 이러한 권리를 '양육권'이라고 해요.

출생과 입양

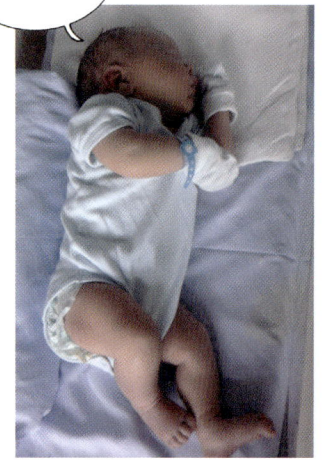

예쁜 이름을 지어 주세요.

결혼한 부부에게 아기가 태어나면 이름을 지어 주고 출생 신고를 해요. 출생 신고는 아기가 태어난 지 1개월 안에 동 주민 센터에 가서 출생증명서를 제출하면 돼요.

그런데 아기의 이름을 지을 때에도 따라야 하는 법이 있어요. 이름은 한글이나 대법원 규칙으로 정해져 있는 한자를 사용해야 하지요.

이름이 마음에 안 든다고 해서 이름을 쉽게 바꿀 수는 없지만, 이름 때문에 놀림을 받는 등의 적절한 이유가 있을 때에는 '가족관계의 등록 등에 관한 법률(가족관계등록법)'에 따라 바꿀 수 있어요. 이름을 바꾸려면 가정 법원에 신청하고 재판을 받아야 해요.

이번에는 입양에 대해 알아볼까요?

옛날에는 아이의 부모나 조부모가 동의하면, 누구나 입양을 할 수 있었어요. 보호 시설에 맡겨진 아이들은 부모의 동의 없이도 입양이 가능했지요. 그러다 보니 나쁜 마음을 먹고 입양을 하는 사람들이 생겼어요. 그래서 입양되는 아이들을 법으로 보호하기 위해 '입양특례법'을 만들어 입양하는 절차와 조건을 철저하게 심사하고 있답니다.

우선 입양을 하려는 사람은 가정 법원의 허가를 받아야 돼요. 가정 법원은 입양하려는 사람의 상황과 동기, 양육 능력 등을 고려하여 입양을 허가해 줘요. 가정 법원의 허가를 받으면 비로소 법적으로 한 가족으로 인정받게 되지요.

사망과 상속

죽은 사람의 재산을 물려받는 것을 '상속'이라고 해요. 상속에는 돌아가신 분이 미리 재산 분배에 대해 기록한 서류에 따라 분배되는 '유언에 의한 상속'이 있어요.

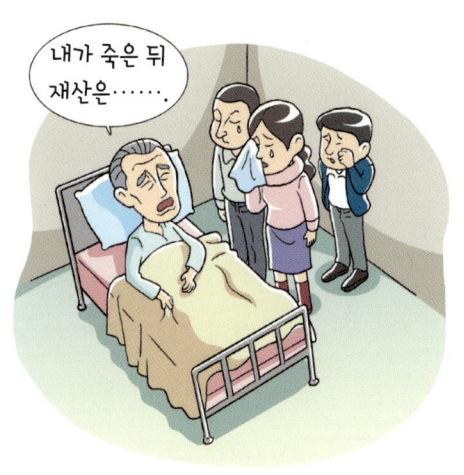

유언이 법적인 효력을 가지려면, 법에서 정한 일정한 형식을 갖추어야 해요. 유언을 한 사람이 죽고 난 후 다른 사람이 거짓으로 유언장을 마음대로 만들거나, 원래의 내용을 고치는 경우를 막기 위해서예요.

유언이 없을 때에는 민법에서 정한 대로 재산을 가족에게 분배해요. 아버지가 돌아가셨을 경우 어머니는 자식들보다 50퍼센트 많이 상속받고, 자식들은 모두 똑같은 비율로 상속받아요. 만약 자녀가 셋인 남자가 9억 원의 재산을 남기고 죽었다면, 자녀들은 아들딸의 구분 없이 각각 2억 원씩 물려받고, 어머니는 자녀들보다 50퍼센트 많은 3억 원을 상속받게 되지요. 하지만 돌아가신 분을 특별히 잘 모셨거나 재산을 모으는 데 기여한 사람에게는 재산을 더 주도록 하고 있어요.

5장 가정 폭력이 일어나면 어떻게 해야 돼요?

가정 폭력은 우리나라의 관습상 집안일로 생각하기 때문에 이웃에서 관여하기를 꺼리는 경향이 있어요. 하지만 가정 폭력은 사랑하는 가족들에게 엄청난 고통을 주는 나쁜 행위이기 때문에 주위 사람들의 적극적인 관심이 필요해요.

가정 폭력은 현재의 가족, 과거의 가족, 그리고 같이 살고 있는 친족 사이에 일어난 신체적, 정신적, 재산적 피해를 모두 포함해요. 가정 폭력이 발생하면, 피해자를 법적으로 보호하기 위하여 나라에서 개입할 수 있답니다.

경찰서에 가정 폭력에 대한 신고가 들어오면 경찰이 즉시 출동해요. 경찰은 폭력 행위를 중단시키고 피해자를 병원으로 옮기거나, 피해자가 원하면 가정 폭력과 관련된 상담소나 보호 시설에 보내 줄 수도 있어요. 또한 가정 폭력이 심각할 경우에는 폭력을 휘두른 사람을 가족으로부터 떼어 놓을 수 있고, 경찰서나 구치소에 가두거나, 징역형이나 벌금형으로 처벌할 수도 있어요.

요즈음 가정 폭력이 심각한 사회 문제가 되고 있어요. 이러한 가정 폭력을 방지하기 위해 '가정 폭력 범죄의 처벌 등에 관한 특별법'이 시행되고 있답니다.

지식 플러스

별난 법, 재미있는 법

세상에는 우리가 전혀 상상하지 못한 엉뚱하고 재미있는 법들이 있어요. 이 법들에 대해 알아볼까요?

돼지 이름, 나폴레옹 절대 안 돼요!

돼지의 이름을 지을 때에도 법을 따라야 한다고요? 프랑스에서는 돼지의 이름을 나폴레옹이라고 지으면 불법이에요. 영국 소설가 조지 오웰이 쓴 소설 '동물 농장'에 구소련의 독재자를 상징하는 돼지가 나와요. 이 돼지의 이름이 바로 나폴레옹이기 때문이래요.

집까지 걸어가세요

터키에서는 음주 운전을 하다가 잡히면 집까지 걸어가야 한대요. 터키 경찰은 음주 운전자를 잡으면, 즉시 순찰차에 태워 집에서 30킬로미터쯤 떨어진 곳에 내려놓아요. 그리고 음주 운전자가 집까지 걸어서 가는지 자전거를 타고 뒤따라가며 감시한대요.

방귀를 뀌면 세금을 내세요

소는 방귀와 트림으로 이산화탄소와 메테인을 많이 배출한다고 해요. 이 가스들이 지구 온난화를 일으킨다고 해서 에스토니아에서는 소를 키우면 방귀세를 물리고 있답니다.

곰이 잠잘 때는 깨우지 마세요

잠잘 때는 깨우지 마~.

미국의 알래스카 주에는 곰들이 많이 살고 있어요. 그런데 이곳에서는 사진을 찍기 위해 잠자는 곰을 깨워서는 안 돼요. 이러한 행동은 법에 어긋나는 것이랍니다.

우리나라 어린이의 책가방은 정말 무거워.

만화책이랑 게임기가 한가득 있어서 그런 거잖아.

무거운 책가방은 안 돼요

어린이들이 무거운 책가방을 메고 다니면 건강을 해치게 돼요. 그래서 미국 캘리포니아 주에서는 법으로 어린이들의 책가방 무게를 제한하고 있답니다.

선인장은 귀하신 몸!

미국 남서부의 애리조나 주에는 멋진 선인장이 많아 '선인장의 도시'로 불려요. 그런데 그곳의 선인장을 함부로 자르면 징역형에 처해진대요.

날 자르면 어떻게 되는 줄 알아?

법은 그 나라의 역사와 문화에 따라 차이가 있어.

6장 법을 만들고 지키는 국가 기관

우리나라에는 법과 관련된 기관들이 많이 있어요.
법을 만드는 곳, 법에 따라 판결을 내리는 곳, 범죄를 수사하는 곳,
법의 도움이 필요한 어려운 사람들을 도와주는 곳 등이 있지요.
법을 만들고 지키는 국가 기관들을 알아볼까요?

법을 수호하라!

6장 법을 만드는 국회

국회는 국민이 뽑은 국회의원들로 구성된 기관이에요. 우리나라의 주인은 국민이고, 국회의원은 국민의 대표이지요. 헌법에서는 국회의원의 수를 200인 이상으로 하고, 구체적인 수는 법률로 정하도록 했어요.

그럼 국회는 어떤 일을 할까요?

국회는 헌법과 국민의 뜻에 따라 법을 만들고, 나라의 살림살이에 필요한 예산을 결정하는 일을 해요. 또한 행정부의 활동을 감시하는 역할을 하는 헌법 기관이지요.

국회가 하는 여러 가지 일 중에서 법을 만드는 일이 가장 중요해요. 그래서 국회를 '입법기관' 또는 '입법부'라고 부르기도 하지요. 국회는 법을 만들고 고치거나 없앨 수 있는 권한도 가지고 있어요.

국회에는 의장과 2명의 부의장이 있어요. 의장은 국회를 대표하고 회의를 이끌며, 부의장은 의장이 없을 때 의장의 일을 대신해요.

또 상임위원회와 특별위원회 등도 있어요. 상임위원회에서는 국회에서 다루게 될 법안이나 의견을 미리 살펴보고, 특별위원회에서는 특별히 검토해야 할 사건을 처리해요.

법을 만들고, 예산을 결정하고, 행정부의 활동을 감시하는 국회

국회의 입법에 관한 권한으로는 헌법 개정을 제안하고 개정안을 의결할 권한, 법률을 제정하고 개정할 권한, 조약을 체결하거나 동의할 권한 등이 있어요. 국가 간에 조약이 맺어지면 국내법과 같은 효력을 지니므로 조약도 국회의 입법에 관한 권한에 속해요.

이처럼 국회는 국민의 뜻을 모아 법을 만들고, 정부의 권력을 견제하여 법질서를 지키는 중요한 기관이랍니다.

법을 만드는 과정

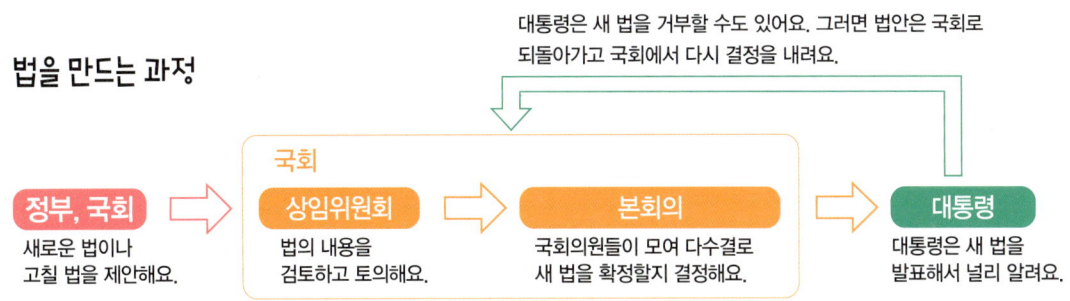

국회가 하는 일

공정한 재판을 하는 법원

만약 누군가 억울한 일을 당했을 때, 법원이 없다면 어떻게 될까요? 아마 힘 있는 사람의 뜻대로 일이 해결될 거예요. 이러한 일이 없게 하기 위해서 법원이 필요해요.

법원은 법에 따라 재판을 담당하는 국가 기관이에요. 법을 어긴 사람을 심판하는 역할을 하는 곳으로, 헌법상의 사법권을 행사해요. '사법'이란, 법을 적용하여 권리와 의무 관계를 확실히 정해 주고, 분쟁이 발생하면 법을 위반했는지 안 했는지를 판단하는 일을 뜻해요. 따라서 법원의 기본적인 기능은 법을 토대로 공정한 재판을 하는 것이지요.

헌법에서는 모든 국민에게 재판을 요구할 수 있는 권리를 부여하고 있어요. 또 법원의 설립과 독립성을 확실히 보장하여 국민의 기본권을 충실하게 지켜 주지요.

법원은 대법원과 각급 법원으로 구성되어 있어요. 대법원은 우리나라 최고의 법원으로 대법원장과 13인의 대법관이 있어요. 재판을 받을 수 있는 최종 법원으로 3심 판결을 담당해요. 각급 법원에는 1심 판결을 맡는 지방법원과 2심 판결을 맡는 고등법원이 있어요. 지방법원이 없는 도시에는 지방법원 지원이 있지요. 그 밖에 특허 소송을 맡아 하는 특허법원, 가정에서 일어나는 문제와 아이들과 관련된 재판을 맡는 가정법원, 행정 소송 사건을 맡는 행정법원 등 특수법원이 있답니다.

재판이 열리는 법정

공개 재판

특별한 경우를 제외하고는 모든 재판은 공개되므로 누구나 재판을 방청할 수 있어요. 단, 방청객이 많이 올 것으로 예상되는 재판은 방청권을 나누어 주는 경우가 있답니다.

6장 헌법에 대한 분쟁을 해결하는 헌법재판소

헌법은 우리나라 최고의 법이에요. 헌법재판소는 헌법에 관한 분쟁을 법적인 절차에 따라 해결하는 곳이에요. 헌법재판소에서 결정한 사항은 최종 국가 의사로 확정되기 때문에 국회나 대통령도 바꿀 수 없지요.

헌법재판소는 법적인 분쟁을 해결한다는 점에서 법원과 성격이 같아요. 하지만 정치적으로 영향력이 큰 헌법과 관련된 분쟁을 다룬다는 점에서 일반 법원과 구별되지요.

헌법재판소는 법관의 자격을 가진 아홉 명의 재판관으로 구성되는데, 대통령, 국회, 대법원장이 세 명씩 지명하고 대통령이 임명해요.

헌법재판소는 법원의 요청에 의해 법률이 헌법에 어긋나지 않은지 심판해요. 또 국회의 요청에 의해 대통령이나 국무총리 등이 헌법이나 법률에 어긋나는 일을 했는지를 탄핵 심판하기도 하지요. 이 밖에 정당의 해산을 심판할 수 있고, 국가 기관과 지방 자치 단체 간의 권한을 둘러싼 다툼에 대해서도 심판해요. 법률이 정하는 헌법 소원에 관한 심판 등 헌법 재판도 담당하지요.

헌법 재판은 헌법 질서를 지키고 국민의 자유와 권리를 보장하기 위해 법률이나 사회 제도가 헌법에 맞는지 판결하는 것이랍니다.

헌법 소원
국가의 공권력에 의하여 기본권이 침해된 국민이 헌법 재판소에 도와 달라고 청구하는 일.

여기에서 확정된 사항은 아무도 고칠 수 없습니다.

헌법재판소는 최종 결정 기관이니까.

헌법재판소

헌법재판소의 역사

1960년 제2공화국 헌법에 헌법재판소를 설립할 것이 규정되었으나 실제로는 설립되지 못했어요. 그 후 법원 또는 헌법 위원회가 헌법과 관련된 분쟁을 담당하다가 1987년 헌법에서 다시 헌법재판소 제도가 도입되었어요. 그래서 1988년에 헌법재판소가 설립되었답니다.

6장 법무 행정을 맡아보는 법무부

법무부는 법률에 대한 사무를 맡아보는 중앙 행정 기관이에요. 검찰, 인권 보호, 교정, 보호 관찰, 소년 보호, 출입국 관리 등 많은 일을 책임지고 있는 기관이지요. 법무부 아래에는 검찰청, 교정기관, 보호관찰기관, 소년보호교육기관, 출입국 관리 기관 등이 있어요.

그중에서 교정기관은 교도소, 소년 교도소, 구치소를 통틀어 일컫는 말이에요. 교정기관에서는 죄를 지은 사람들을 일정한 시설에 모아 놓고 관리해요. 이들을 교육하고 직업 훈련도 실시하는 등 가르치고 이끌어 주어 앞으로 바르게 살아갈 수 있도록 교정하고 교화하는 업무를 담당하고 있어요.

이에 비해 보호관찰기관은 죄를 지은 사람들을 교정 시설에 가두지 않고, 일정한 의무를 다할 것을 조건으로 자유로운 사회생활을 할 수 있도록 허락해 주어요. 올바른 길로 이끌어 사회에 나가 다른 사람들과 같이 생활할 수 있게 해 주고, 다시 죄를 짓지 않도록 도와주는 곳이에요.

소년보호교육기관은 소년원과 소년 분류 심사원을 합쳐서 부르는 말이에요. 소년원은 죄를 지은 청소년들을 벌주기 위한 곳이 아니에요. 이곳은 비행 청소년들에게 학교 수업이나 컴퓨터, 영어 회화 등의 교육을 하여 다시 사회에 적응할 수 있게 돕는 곳이지요. 소년 분류 심사원은 잘못을 저지른 학생이 심리

심리

재판의 기초가 되는 사실 관계, 법률관계를 명확히 하기 위해 법원이 증거나 방법 등을 조사하는 행위.

를 받기 전에 머무르면서 청소년 전문가들에게 상담을 받고 잘못을 저지르게 된 원인을 알아보는 곳이지요.

그리고 출입국 관리 기관에서는 국제공항이나 항구로 국내에 들어오거나 외국으로 나가는 사람들에 대해 출국과 입국을 심사해요. 또한 외국인이 우리나라에 들어올 때 필요한 입국 사증(비자)을 발급해 주며, 우리나라에 머물고 있는 외국인들을 보호하고 관리하고 있답니다.

법무부는 범죄자를 벌하는 동시에 교육을 통해 그들이 새 사람으로 거듭날 수 있도록 돕고 있어.

법을 체험할 수 있는 솔로몬 로 파크(Law Park)

법무부는 국민들이 언제라도 방문하여 법과 정의를 체험하고 느낄 수 있는 '솔로몬 로 파크'를 만들었어요. 솔로몬의 성, 정의의 여신상, 법 체험관, 법 연수관 등 어린이와 청소년들도 쉽고 재미있게 법을 배울 수 있는 놀이공원 형태로 만들어져 있어요. 우리나라에서 유일한 법 교육 관련 시설이랍니다.

솔로몬 로 파크에서 법을 체험하는 아이들

6장 범죄를 수사하고 재판을 청구하는 검찰청

검찰청은 각종 범죄를 수사하여 법원에 재판을 청구하고, 재판의 집행을 지휘하는 곳이에요. 즉, 검사가 담당하는 검찰 사무를 관할하는 기관이지요. 검찰 사무에는 범죄의 수사, 증거의 수집, 공소의 제기와 유지, 법원에 대한 법령의 적당한 적용 청구, 재판의 집행 지휘·감독, 그 외 이에 따르는 검찰 행정 업무 등이 있어요.

검찰청은 법원에 맞추어 여러 종류의 검찰청이 있어요. 법원에 대법원, 고등법원, 지방법원 및 지원이 있는 것처럼 검찰청에도 대검찰청, 고등검찰청, 지방 검찰청 및 지청이 있답니다. 대검찰청에는 검찰 사무를 총괄하는 검찰 총장이 있는데, 검찰 총장은 각 검찰청의 모든 검사를 지휘하고 감독하지요.

법무부 소속으로 검사의 검찰 사무를 맡아보는 검찰청

텔레비전에서 재판 장면을 보여 줄 때, 피고인을 무섭게 다그치는 사람을 본 적이 있나요? 그가 바로 검사예요. 검사는 경찰관을 지휘하고 감독하여 범죄를 수사하고, 법원에 재판을 신청하며 집행하는 사람이지요. 검사는 피해자와 일반 국민들을 보호해야 하기 때문에 때로는 무섭게 보이기도 한답니다.

특히 검사는 사법 경찰관의 수사 과정을 지휘하여 모든 수사의 최종 책임자의 역할을 해요. 사법 경찰관은 검사의 지휘를 받아 수사를 하면서 사건을 해결하지요.

6장 경찰 업무를 맡아 하는 경찰청

학교에 가거나 집 근처에서 경찰을 본 적이 있지요? 경찰은 우리 사회 곳곳에서 국민들의 안전을 위해 일하는 사람이에요.

경찰은 국민의 생명과 신체 및 재산을 보호하고, 범죄를 예방하며 수사하며 범죄자를 체포하고, 교통을 단속하는 등 많은 일을 하고 있어요. 이렇게 경찰은 사회의 공공질서가 유지되고 국민이 안전하고 행복하게 생활할 수 있도록 도와주고 있답니다.

이러한 경찰 업무를 총괄하고 있는 기관이 바로 경찰청이에요. 경찰청은 정부 행정 기관으로 경찰청이 있고, 특별시, 광역시 및 각 도에 지방 경찰청이 하나씩 있으며, 각 지방 경찰청 밑에 경찰서가 있어요. 또 경찰서의 아래 기관으로 순찰 지구대가 있고, 그 밑에 민원 안내를 담당하는 치안 센터가 있지요.

그럼 범죄 신고를 받고 경찰이 출동하는 과정을 살펴볼까요? 범죄가 발생하여 피해를 입고 있거나 범죄 현장을 목격한 사람이 112로 범죄 신고를 해요. 그러면 경찰청에 설치된 112 신고 센터에서 범죄 신고를 접수하는 즉시, 범죄 현장에서 가장 가까운 곳에 있는 112 순찰차, 형사 기동대 차량, 경찰서 밖에 나가서 근무하고 있는 경찰관 등에게 무선으로 출동하라는 지시를 내려요. 지시를 받은 경찰관은 곧바로 현장으로 출동하여 범죄자를 체포하고 피해자를 도와주게 된답니다.

해양 경찰청의 역할

바다에서의 경찰 업무는 해양 수산부 아래의 해양 경찰청이 담당하고 있어요. 해양 경찰청은 해상 경비, 해상 범죄 수사, 해양 사고 시 구조 활동, 해양 환경 보존, 해양 오염 방지 등의 일을 해요. 이렇게 해양 경찰청은 바다에서의 치안 질서 확립을 위해 노력하고 있답니다.

6장 법제처와 대한법률구조공단

법제처는 국가의 전체적인 법체계를 확립하기 위해 국무총리의 밑에 설치된 중앙 행정 기관이에요. 따라서 정부의 법률 제정을 전체적으로 관리하고 조정하는 일을 하고, 법령을 홍보하고 상담하는 일도 함께 하고 있어요. 법령이란 법률과 명령을 함께 이르는 말이에요.

좀 더 구체적으로 법제처가 하는 일을 살펴볼까요?

법률은 입법부인 국회에서 만들어요. 하지만 행정부의 각 부서에서 필요한 법률안이나 명령을 총괄하여 심사하는 일은 행정부에 속해 있는 법제처에서 맡아 해요. 또 법제처에서는 법령에 대한 국민의 의견을 받아들여 법령을 더 좋게 만드는 일도 해요. 국민에게 법령을 알기 쉽게 홍보하고, 법령에 대한 질문에 대답해 주는 일도 하고 있답니다.

한편 대한법률구조공단은 경제적으로 어려운 처지에 있거나 법을 모르는 사람들을 위해 법률구조를 해 주는 기관이에요. 법의 보호를 충분히 받지 못하는 사람들에게 도움을 주는 곳이지요.

대한법률구조공단에서는 전체 국민을 대상으로 법률문제 전반에 대하여 무료로 상담해 주고 있어요. 상담을 한 결과 법률 구조가 필요하다고 판단되면, 당사자 간에 화해, 조정을 해 주거나 소송을 대신하여 해 주기도 해요. 형법이 적용되는 형사 사건에 대해서는 변호도 해 주지요. 농어민, 도시 영세민, 장애인 등은 무료로 법률 구조를 받을 수 있어요.

꼭꼭 확인 퀴즈!

다음과 같은 일을 하는 법 관련 기관은 어디일까요?

1. 치안 유지와 교통 단속
2. 범죄 수사의 지휘와 범죄자의 기소
3. 법률의 제정과 행정부 견제
4. 국내 체류 외국인들의 보호와 관리
5. 헌법에 관한 분쟁 해결

정답 1. 경찰청 2. 검찰청 3. 국회 4. 법무부 5. 헌법재판소

6장 법을 만들고 지키는 국가 기관 · 175

| 사진 출처 |

법무부, 솔로몬 로 파크, 연합뉴스, Wikimedia commons(머찐만두, Carptrash, DerHexer, Evert Odekerken, frakorea, Geoffrey C. Gunn, Iuli0901, Steve Cadman, Padraic Ryan, Ulleungdont, Wndeowjdqh)

- 이 책에 실린 사진은 저작권자의 허락을 받아 게재한 것입니다.
- 저작권자를 찾지 못해 게재 허락을 받지 못한 일부 사진은 저작권자가 확인되는 대로 게재 허락을 받고 통상 기준에 따라 사용료를 지불하겠습니다.

| 찾아보기 |

ㄱ
가사 재판 · 66
가정 폭력 · 154
가정 폭력 범죄의 처벌 등에 관한 특별법 · 154
가족 관계의 등록 등에 관한 법률 · 152
개인 과외 교습 신고제 · 140
검사 · 170
검찰청 · 170
경국대전 · 20
경제법 · 30
경찰 · 173
경찰청 · 172
계약 · 44
고등법원 · 64
공동체 · 14
공법 · 30
공직선거법 · 89
관습법 · 28
교육의 의무 · 52
국민참여재판 제도 · 66
국방의 의무 · 52
국제 관습법 · 70
국제법 · 70
국제사법재판소 · 74
국제연맹 · 72
국제연합 평화 유지군 · 77
국제해양법재판소 · 74
국제형사재판소 · 76
국회 · 34, 162
권리 · 46
권리 장전 · 28, 78
규범 · 15

규칙 · 32
근로의 의무 · 52

ㄴ
나폴레옹 법전 · 37
납세의 의무 · 52
노동법 · 30

ㄷ
대륙법계 · 22
대법원 · 64, 164
대한법률구조공단 · 174
대헌장 · 37
도덕 · 26
도로교통법 · 89
또래 성폭력 · 120

ㄹ
로마법 대전 · 22
리콜제 · 133
링컨 · 35

ㅁ
마그나 카르타 · 37, 78
만민법 · 22
매매 계약 · 44
명령 · 32
명예형 · 57
미국 독립 선언 · 78
미국 연방 헌법 · 37
미성년자 · 88, 134
민법 · 30
민사 소송 · 62
민사 재판 · 66, 80

ㅂ
바이마르 헌법 · 79
방정환 · 91
배심원 · 66
범죄소년 · 98
범죄인 인도 협정 · 76
법 · 24
법률 · 32
법률관계 · 44
법률혼주의 · 151
법무부 · 168
법원 · 164
법을 만드는 과정 · 163
법정 대리인 · 134
법제처 · 174
변호인 · 63
병역법 · 89
보호처분 · 94
불문법 · 28

ㅅ
사법 · 30
사실 관계 · 44
사실혼주의 · 151
사이버 폭력 · 146
사형 · 60
사형 제도 · 60
사회권 · 51
사회법 · 30
사회 보장법 · 30
삼권 분립 · 53
3심 제도 · 63
상법 · 30
상속 · 153

성문법 · 28
성범죄자 신상 정보 등록 및 공개 제도 · 95
성폭력 · 117, 120, 122
성희롱 · 120
세계 인권 선언 · 79
소년법 · 96
소년 분류 심사원 · 99
소년원 · 99
소비자의 8대 권리 · 131
소비자 주권 · 131
소송법 · 30
소송 제도 · 62
소크라테스 · 40
솔로몬 로 파크 · 169
스쿨 존 · 136
스팸 메일 · 144
식품위생법 · 138
심급 제도 · 64
12표법 · 36

아동복지법 · 88, 90
아동 성폭력 · 118
아동 · 청소년 성 보호에 관한 법률 · 122
양육권 · 152
어린이 보호 구역 · 136
영미법계 · 22
우범소년 · 98
유스티니아누스 1세 · 22
유언에 의한 상속 · 153
인권 · 54
인권 보장 · 78
인권 선언 · 49, 78
인터폴 · 76

입양특례법 · 152
의무 · 46

자유권 · 51
자치 법규 · 32
재산형 · 57
재판 이혼 · 151
재판정 · 80
저작권 · 148
저작권법 · 148
점유이탈물 · 143
점유이탈물횡령죄 · 142
정보 통신망 이용 촉진 및 정보 보호 등에 관한 법률 · 144
정의의 여신상 · 33
제조물 책임법 · 133
조례 · 32
조약 · 70
죄형법정주의 · 58
주민등록법 · 89
지방법원 · 64
집단 따돌림 · 112

참정권 · 51
청구권 · 51
청소년기본법 · 86, 88
청소년보호법 · 85, 92
청소년 유해 환경 · 104
촉법소년 · 98

ㅌ
탈리오의 법칙 · 36
테레사 수녀 · 55

판례법 · 29
8조법 · 20, 24
평등권 · 50
피고인 · 63
피의자 · 62

ㅎ
학교급식법 · 138
학교 정화 구역 · 136
학교 폭력 · 110
학교 폭력 예방 및 대책에 관한 법률 · 110
학습권 · 141
학원의 설립 · 운영 및 과외 교습에 관한 법률 · 140
함무라비 법전 · 36
항소 · 64
해양 경찰청 · 173
해태 · 25
행정 소송 · 62
행정 재판 · 66
헌법 · 30, 32, 48
헌법 소원 · 166
헌법재판소 · 166
현금 영수증 제도 · 132
협의 이혼 · 151
형벌 · 56
형법 · 30
형사 미성년자 · 102
형사 소송 · 62
형사 재판 · 66, 81
환경 보전의 의무 · 52
후고 그로티우스 · 72
훈방 · 96
흑인 민권 선언 · 79

부록

대한민국 헌법

전문(前文)

유구한 역사와 전통에 빛나는 우리 대한국민은 3·1운동으로 건립된 대한민국임시정부의 법통과 불의에 항거한 4·19민주이념을 계승하고, 조국의 민주개혁과 평화적 통일의 사명에 입각하여 정의·인도와 동포애로써 민족의 단결을 공고히 하고, 모든 사회적 폐습과 불의를 타파하며, 자율과 조화를 바탕으로 자유민주적 기본질서를 더욱 확고히 하여 정치·경제·사회·문화의 모든 영역에 있어서 각인의 기회를 균등히 하고, 능력을 최고도로 발휘하게 하며, 자유와 권리에 따르는 책임과 의무를 완수하게 하여, 안으로는 국민생활의 균등한 향상을 기하고 밖으로는 항구적인 세계평화와 인류공영에 이바지함으로써 우리들과 우리들의 자손의 안전과 자유와 행복을 영원히 확보할 것을 다짐하면서 1948년 7월 12일에 제정되고 8차에 걸쳐 개정된 헌법을 이제 국회의 의결을 거쳐 국민투표에 의하여 개정한다.

1987년 10월 29일

제1장 총강

제1조
① 대한민국은 민주공화국이다.
② 대한민국의 주권은 국민에게 있고, 모든 권력은 국민으로부터 나온다.

제2조
① 대한민국의 국민이 되는 요건은 법률로 정한다.
② 국가는 법률이 정하는 바에 의하여 재외국민을 보호할 의무를 진다.

제3조
대한민국의 영토는 한반도와 그 부속도서로 한다.

제4조
대한민국은 통일을 지향하며, 자유민주적 기본질서에 입각한 평화적 통일 정책을 수립하고 이를 추진한다.

제5조
① 대한민국은 국제평화의 유지에 노력하고 침략적 전쟁을 부인한다.
② 국군은 국가의 안전보장과 국토방위의 신성한 의무를 수행함을 사명으로 하며, 그 정치적 중립성은 준수된다.

제6조
① 헌법에 의하여 체결·공포된 조약과 일반적으로 승인된 국제법규는 국내법과 같은 효력을 가진다.
② 외국인은 국제법과 조약이 정하는 바에 의하여 그 지위가 보장된다.

제7조
① 공무원은 국민전체에 대한 봉사자이며, 국민에 대하여 책임을 진다.
② 공무원의 신분과 정치적 중립성은 법률이 정하는 바에 의하여 보장된다.

제8조
① 정당의 설립은 자유이며, 복수정당제는 보장된다.
② 정당은 그 목적·조직과 활동이 민주적이어야 하며, 국민의 정치적 의사형성에 참여하는데 필요한 조직을 가져야 한다.
③ 정당은 법률이 정하는 바에 의하여 국가의 보호를 받으며, 국가는 법률이 정하는 바에 의하여 정당운영에 필요한 자금을 보조할 수 있다.
④ 정당의 목적이나 활동이 민주적 기본질서에 위배될 때에는 정부는 헌법재판소에 그 해산을 제소할 수 있고, 정당은 헌법재판소의 심판에 의하여 해산된다.

제9조
국가는 전통문화의 계승·발전과 민족문화의 창달에 노력하여야 한다.

제2장 국민의 권리와 의무

제10조
모든 국민은 인간으로서의 존엄과 가치를 가지며, 행복을 추구할 권리를 가진다. 국가는 개인이 가지는 불가침의 기본적 인권을 확인하고 이를 보장할 의무를 진다.

제11조
① 모든 국민은 법 앞에 평등하다. 누구든지 성별·종교 또는 사회적 신분에 의하여 정치적·경제적·사회적·문화적 생활의 모든 영역에 있어서 차별을 받지 아니한다.
② 사회적 특수계급의 제도는 인정되지 아니하며, 어떠한 형태로도 이를 창설할 수 없다.
③ 훈장 등의 영전은 이를 받은 자에게만 효력이 있고, 어떠한 특권도 이에 따르지 아니한다.

제12조
① 모든 국민은 신체의 자유를 가진다. 누구든지 법

률에 의하지 아니하고는 체포·구속·압수·수색 또는 심문을 받지 아니하며, 법률과 적법한 절차에 의하지 아니하고는 처벌·보안처분 또는 강제노역을 받지 아니한다.
② 모든 국민은 고문을 받지 아니하며, 형사상 자기에게 불리한 진술을 강요당하지 아니한다.
③ 체포·구속·압수 또는 수색을 할 때에는 적법한 절차에 따라 검사의 신청에 의하여 법관이 발부한 영장을 제시하여야 한다. 다만, 현행범인인 경우와 장기 3년 이상의 형에 해당하는 죄를 범하고 도피 또는 증거인멸의 염려가 있을 때에는 사후에 영장을 청구할 수 있다.
④ 누구든지 체포 또는 구속을 당한 때에는 즉시 변호인의 조력을 받을 권리를 가진다. 다만, 형사피고인이 스스로 변호인을 구할 수 없을 때에는 법률이 정하는 바에 의하여 국가가 변호인을 붙인다.
⑤ 누구든지 체포 또는 구속의 이유와 변호인의 조력을 받을 권리가 있음을 고지받지 아니하고는 체포 또는 구속을 당하지 아니한다. 체포 또는 구속을 당한 자의 가족 등 법률이 정하는 자에게는 그 이유와 일시·장소가 지체없이 통지되어야 한다.
⑥ 누구든지 체포 또는 구속을 당한 때에는 적부의 심사를 법원에 청구할 권리를 가진다.
⑦ 피고인의 자백이 고문·폭행·협박·구속의 부당한 장기화 또는 기망 기타의 방법에 의하여 자의로 진술된 것이 아니라고 인정될 때 또는 정식재판에 있어서 피고인의 자백이 그에게 불리한 유일한 증거일 때에는 이를 유죄의 증거로 삼거나 이를 이유로 처벌할 수 없다.

제13조
① 모든 국민은 행위시의 법률에 의하여 범죄를 구성하지 아니하는 행위로 소추되지 아니하며, 동일한 범죄에 대하여 거듭 처벌받지 아니한다.
② 모든 국민은 소급입법에 의하여 참정권의 제한을 받거나 재산권을 박탈당하지 아니한다.
③ 모든 국민은 자기의 행위가 아닌 친족의 행위로 인하여 불이익한 처우를 받지 아니한다.

제14조
모든 국민은 거주·이전의 자유를 가진다.

제15조
모든 국민은 직업선택의 자유를 가진다.

제16조
모든 국민은 주거의 자유를 침해받지 아니한다. 주거에 대한 압수나 수색을 할 때에는 검사의 신청에 의하여 법관이 발부한 영장을 제시하여야 한다.

제17조
모든 국민은 사생활의 비밀과 자유를 침해받지 아니한다.

제18조
모든 국민은 통신의 비밀을 침해받지 아니한다.

제19조
모든 국민은 양심의 자유를 가진다.

제20조
① 모든 국민은 종교의 자유를 가진다.
② 국교는 인정되지 아니하며, 종교와 정치는 분리된다.

제21조
① 모든 국민은 언론·출판의 자유와 집회·결사의 자유를 가진다.
② 언론·출판에 대한 허가나 검열과 집회·결사에 대한 허가는 인정되지 아니한다.
③ 통신·방송의 시설기준과 신문의 기능을 보장하기 위하여 필요한 사항은 법률로 정한다.
④ 언론·출판은 타인의 명예나 권리 또는 공중도덕이나 사회윤리를 침해하여서는 아니된다. 언

론·출판이 타인의 명예나 권리를 침해한 때에는 피해자는 이에 대한 피해의 배상을 청구할 수 있다.

제22조
① 모든 국민은 학문과 예술의 자유를 가진다.
② 저작자·발명가·과학기술자와 예술가의 권리는 법률로써 보호한다.

제23조
① 모든 국민의 재산권은 보장된다. 그 내용과 한계는 법률로 정한다.
② 재산권의 행사는 공공복리에 적합하도록 하여야 한다.
③ 공공필요에 의한 재산권의 수용·사용 또는 제한 및 그에 대한 보상은 법률로써 하되, 정당한 보상을 지급하여야 한다.

제24조
모든 국민은 법률이 정하는 바에 의하여 선거권을 가진다.

제25조
모든 국민은 법률이 정하는 바에 의하여 공무담임권을 가진다.

제26조
① 모든 국민은 법률이 정하는 바에 의하여 국가기관에 문서로 청원할 권리를 가진다.
② 국가는 청원에 대하여 심사할 의무를 진다.

제27조
① 모든 국민은 헌법과 법률이 정한 법관에 의하여 법률에 의한 재판을 받을 권리를 가진다.
② 군인 또는 군무원이 아닌 국민은 대한민국의 영역안에서는 중대한 군사상 기밀·초병·초소·유독음식물공급·포로·군용물에 관한 죄중 법률이 정한 경우와 비상계엄이 선포된 경우를 제외하고는 군사법원의 재판을 받지 아니한다.
③ 모든 국민은 신속한 재판을 받을 권리를 가진다. 형사피고인은 상당한 이유가 없는 한 지체없이 공개재판을 받을 권리를 가진다.
④ 형사피고인은 유죄의 판결이 확정될 때까지는 무죄로 추정된다.
⑤ 형사피해자는 법률이 정하는 바에 의하여 당해 사건의 재판절차에서 진술할 수 있다.

제28조
형사피의자 또는 형사피고인으로서 구금되었던 자가 법률이 정하는 불기소처분을 받거나 무죄판결을 받은 때에는 법률이 정하는 바에 의하여 국가에 정당한 보상을 청구할 수 있다.

제29조
① 공무원의 직무상 불법행위로 손해를 받은 국민은 법률이 정하는 바에 의하여 국가 또는 공공단체에 정당한 배상을 청구할 수 있다. 이 경우 공무원 자신의 책임은 면제되지 아니한다.
② 군인·군무원·경찰공무원 기타 법률이 정하는 자가 전투·훈련등 직무집행과 관련하여 받은 손해에 대하여는 법률이 정하는 보상외에 국가 또는 공공단체에 공무원의 직무상 불법행위로 인한 배상은 청구할 수 없다.

제30조
타인의 범죄행위로 인하여 생명·신체에 대한 피해를 받은 국민은 법률이 정하는 바에 의하여 국가로부터 구조를 받을 수 있다.

제31조
① 모든 국민은 능력에 따라 균등하게 교육을 받을 권리를 가진다.
② 모든 국민은 그 보호하는 자녀에게 적어도 초등교육과 법률이 정하는 교육을 받게 할 의무를 진다.
③ 의무교육은 무상으로 한다.
④ 교육의 자주성·전문성·정치적 중립성 및 대학

의 자율성은 법률이 정하는 바에 의하여 보장된다.
⑤ 국가는 평생교육을 진흥하여야 한다.
⑥ 학교교육 및 평생교육을 포함한 교육제도와 그 운영, 교육재정 및 교원의 지위에 관한 기본적인 사항은 법률로 정한다.

제32조
① 모든 국민은 근로의 권리를 가진다. 국가는 사회적·경제적 방법으로 근로자의 고용의 증진과 적정임금의 보장에 노력하여야 하며, 법률이 정하는 바에 의하여 최저임금제를 시행하여야 한다.
② 모든 국민은 근로의 의무를 진다. 국가는 근로의 의무의 내용과 조건을 민주주의원칙에 따라 법률로 정한다.
③ 근로조건의 기준은 인간의 존엄성을 보장하도록 법률로 정한다.
④ 여자의 근로는 특별한 보호를 받으며, 고용·임금 및 근로조건에 있어서 부당한 차별을 받지 아니한다.
⑤ 연소자의 근로는 특별한 보호를 받는다.
⑥ 국가유공자·상이군경 및 전몰군경의 유가족은 법률이 정하는 바에 의하여 우선적으로 근로의 기회를 부여받는다.

제33조
① 근로자는 근로조건의 향상을 위하여 자주적인 단결권·단체교섭권 및 단체행동권을 가진다.
② 공무원인 근로자는 법률이 정하는 자에 한하여 단결권·단체교섭권 및 단체행동권을 가진다.
③ 법률이 정하는 주요방위산업체에 종사하는 근로자의 단체행동권은 법률이 정하는 바에 의하여 이를 제한하거나 인정하지 아니할 수 있다.

제34조
① 모든 국민은 인간다운 생활을 할 권리을 가진다.
② 국가는 사회보장·사회복지의 증진에 노력할 의무를 진다.
③ 국가는 여자의 복지와 권익의 향상을 위하여 노력하여야 한다.
④ 국가는 노인과 청소년의 복지향상을 위한 정책을 실시할 의무를 진다.
⑤ 신체장애자 및 질병·노령 기타의 사유로 생활능력이 없는 국민은 법률이 정하는 바에 의하여 국가의 보호를 받는다.
⑥ 국가는 재해를 예방하고 그 위험으로부터 국민을 보호하기 위하여 노력하여야 한다.

제35조
① 모든 국민은 건강하고 쾌적한 환경에서 생활할 권리를 가지며, 국가와 국민은 환경보전을 위하여 노력하여야 한다.
② 환경권의 내용과 행사에 관하여는 법률로 정한다.
③ 국가는 주택개발정책등을 통하여 모든 국민이 쾌적한 주거생활을 할 수 있도록 노력하여야 한다.

제36조
① 혼인과 가족생활은 개인의 존엄과 양성의 평등을 기초로 성립되고 유지되어야 하며, 국가는 이를 보장한다.
② 국가는 모성의 보호를 위하여 노력하여야 한다.
③ 모든 국민은 보건에 관하여 국가의 보호를 받는다.

제37조
① 국민의 자유와 권리는 헌법에 열거되지 아니한 이유로 경시되지 아니한다.
② 국민의 모든 자유와 권리는 국가안전보장·질서유지 또는 공공복리를 위하여 필요한 경우에 한하여 법률로써 제한할 수 있으며, 제한하는 경우에도 자유와 권리의 본질적인 내용을 침해할 수 없다.

제38조
모든 국민은 법률이 정하는 바에 의하여 납세의 의무를 진다.

제39조
① 모든 국민은 법률이 정하는 바에 의하여 국방의 의무를 진다.
② 누구든지 병역의무의 이행으로 인하여 불이익한 처우를 받지 아니한다.

제3장 국회

제40조
입법권은 국회에 속한다.

제41조
① 국회는 국민의 보통·평등·직접·비밀선거에 의하여 선출된 국회의원으로 구성한다.
② 국회의원의 수는 법률로 정하되, 200인 이상으로 한다.
③ 국회의원의 선거구와 비례대표제 기타 선거에 관한 사항은 법률로 정한다.

제42조
국회의원의 임기는 4년으로 한다.

제43조
국회의원은 법률이 정하는 직을 겸할 수 없다.

제44조
① 국회의원은 현행범인인 경우를 제외하고는 회기중 국회의 동의없이 체포 또는 구금되지 아니한다.
② 국회의원이 회기전에 체포 또는 구금된 때에는 현행범인이 아닌 한 국회의 요구가 있으면 회기중 석방된다.

제45조
국회의원은 국회에서 직무상 행한 발언과 표결에 관하여 국회외에서 책임을 지지 아니한다.

제46조
① 국회의원은 청렴의 의무가 있다.
② 국회의원은 국가이익을 우선하여 양심에 따라 직무를 행한다.
③ 국회의원은 그 지위를 남용하여 국가·공공단체 또는 기업체와의 계약이나 그 처분에 의하여 재산상의 권리·이익 또는 직위를 취득하거나 타인을 위하여 그 취득을 알선할 수 없다.

제47조
① 국회의 정기회는 법률이 정하는 바에 의하여 매년 1회 집회되며, 국회의 임시회는 대통령 또는 국회재적의원 4분의 1 이상의 요구에 의하여 집회된다.
② 정기회의 회기는 100일을, 임시회의 회기는 30일을 초과할 수 없다.
③ 대통령이 임시회의 집회를 요구할 때에는 기간과 집회요구의 이유를 명시하여야 한다.

제48조
국회는 의장 1인과 부의장 2인을 선출한다.

제49조
국회는 헌법 또는 법률에 특별한 규정이 없는 한 재적의원 과반수의 출석과 출석의원 과반수의 찬성으로 의결한다. 가부동수인 때에는 부결된 것으로 본다.

제50조
① 국회의 회의는 공개한다. 다만, 출석의원 과반수의 찬성이 있거나 의장이 국가의 안전보장을 위하여 필요하다고 인정할 때에는 공개하지 아니할 수 있다.
② 공개하지 아니한 회의내용의 공표에 관하여는 법률이 정하는 바에 의한다.

제51조
국회에 제출된 법률안 기타의 의안은 회기중에 의

결되지 못한 이유로 폐기되지 아니한다. 다만, 국회의원의 임기가 만료된 때에는 그러하지 아니하다.

제52조
국회의원과 정부는 법률안을 제출할 수 있다.

제53조
① 국회에서 의결된 법률안은 정부에 이송되어 15일 이내에 대통령이 공포한다.
② 법률안에 이의가 있을 때에는 대통령은 제1항의 기간내에 이의서를 붙여 국회로 환부하고, 그 재의를 요구할 수 있다. 국회의 폐회중에도 또한 같다.
③ 대통령은 법률안의 일부에 대하여 또는 법률안을 수정하여 재의를 요구할 수 없다.
④ 재의의 요구가 있을 때에는 국회는 재의에 붙이고, 재적의원과반수의 출석과 출석의원 3분의 2 이상의 찬성으로 전과 같은 의결을 하면 그 법률안은 법률로서 확정된다.
⑤ 대통령이 제1항의 기간내에 공포나 재의의 요구를 하지 아니한 때에도 그 법률안은 법률로서 확정된다.
⑥ 대통령은 제4항과 제5항의 규정에 의하여 확정된 법률을 지체없이 공포하여야 한다. 제5항에 의하여 법률이 확정된 후 또는 제4항에 의한 확정법률이 정부에 이송된 후 5일 이내에 대통령이 공포하지 아니할 때에는 국회의장이 이를 공포한다.
⑦ 법률은 특별한 규정이 없는 한 공포한 날로부터 20일을 경과함으로써 효력을 발생한다.

제54조
① 국회는 국가의 예산안을 심의·확정한다.
② 정부는 회계년도마다 예산안을 편성하여 회계년도 개시 90일전까지 국회에 제출하고, 국회는 회계년도 개시 30일전까지 이를 의결하여야 한다.
③ 새로운 회계년도가 개시될 때까지 예산안이 의결되지 못한 때에는 정부는 국회에서 예산안이 의결될 때까지 다음의 목적을 위한 경비는 전년도 예산에 준하여 집행할 수 있다.
1. 헌법이나 법률에 의하여 설치된 기관 또는 시설의 유지·운영
2. 법률상 지출의무의 이행
3. 이미 예산으로 승인된 사업의 계속

제55조
① 한 회계년도를 넘어 계속하여 지출할 필요가 있을 때에는 정부는 연한을 정하여 계속비로서 국회의 의결을 얻어야 한다.
② 예비비는 총액으로 국회의 의결을 얻어야 한다. 예비비의 지출은 차기국회의 승인을 얻어야 한다.

제56조
정부는 예산에 변경을 가할 필요가 있을 때에는 추가경정예산안을 편성하여 국회에 제출할 수 있다.

제57조
국회는 정부의 동의 없이 정부가 제출한 지출예산 각항의 금액을 증가하거나 새 비목을 설치할 수 없다.

제58조
국채를 모집하거나 예산외에 국가의 부담이 될 계약을 체결하려 할 때에는 정부는 미리 국회의 의결을 얻어야 한다.

제59조
조세의 종목과 세율은 법률로 정한다.

제60조
① 국회는 상호원조 또는 안전보장에 관한 조약, 중요한 국제조직에 관한 조약, 우호통상항해조약, 주권의 제약에 관한 조약, 강화조약, 국가나 국민에게 중대한 재정적 부담을 지우는 조약 또는 입법사항에 관한 조약의 체결·비준에 대한 동

의권을 가진다.
② 국회는 선전포고, 국군의 외국에의 파견 또는 외국군대의 대한민국 영역안에서의 주류에 대한 동의권을 가진다.

제61조
① 국회는 국정을 감사하거나 특정한 국정사안에 대하여 조사할 수 있으며, 이에 필요한 서류의 제출 또는 증인의 출석과 증언이나 의견의 진술을 요구할 수 있다.
② 국정감사 및 조사에 관한 절차 기타 필요한 사항은 법률로 정한다.

제62조
① 국무총리·국무위원 또는 정부위원은 국회나 그 위원회에 출석하여 국정처리상황을 보고하거나 의견을 진술하고 질문에 응답할 수 있다.
② 국회나 그 위원회의 요구가 있을 때에는 국무총리·국무위원 또는 정부위원은 출석·답변하여야 하며, 국무총리 또는 국무위원이 출석요구를 받은 때에는 국무위원 또는 정부위원으로 하여금 출석·답변하게 할 수 있다.

제63조
① 국회는 국무총리 또는 국무위원의 해임을 대통령에게 건의할 수 있다.
② 제1항의 해임건의는 국회재적의원 3분의 1 이상의 발의에 의하여 국회재적의원 과반수의 찬성이 있어야 한다.

제64조
① 국회는 법률에 저촉되지 아니하는 범위안에서 의사와 내부규율에 관한 규칙을 제정할 수 있다.
② 국회는 의원의 자격을 심사하며, 의원을 징계할 수 있다.
③ 의원을 제명하려면 국회재적의원 3분의 2 이상의 찬성이 있어야 한다.
④ 제2항과 제3항의 처분에 대하여는 법원에 제소할 수 없다.

제65조
① 대통령·국무총리·국무위원·행정각부의 장·헌법재판소 재판관·법관·중앙선거관리위원회 위원·감사원장·감사위원 기타 법률이 정한 공무원이 그 직무집행에 있어서 헌법이나 법률을 위배한 때에는 국회는 탄핵의 소추를 의결할 수 있다.
② 제1항의 탄핵소추는 국회재적의원 3분의 1 이상의 발의가 있어야 하며, 그 의결은 국회재적의원 과반수의 찬성이 있어야 한다. 다만, 대통령에 대한 탄핵소추는 국회재적의원 과반수의 발의와 국회재적의원 3분의 2 이상의 찬성이 있어야 한다.
③ 탄핵소추의 의결을 받은 자는 탄핵심판이 있을 때까지 그 권한행사가 정지된다.
④ 탄핵결정은 공직으로부터 파면함에 그친다. 그러나, 이에 의하여 민사상이나 형사상의 책임이 면제되지는 아니한다.

제4장 정부

제1절 대통령
제66조
① 대통령은 국가의 원수이며, 외국에 대하여 국가를 대표한다.
② 대통령은 국가의 독립·영토의 보전·국가의 계속성과 헌법을 수호할 책무를 진다.
③ 대통령은 조국의 평화적 통일을 위한 성실한 의무를 진다.
④ 행정권은 대통령을 수반으로 하는 정부에 속한다.

제67조
① 대통령은 국민의 보통·평등·직접·비밀선거에 의하여 선출한다.
② 제1항의 선거에 있어서 최고득표자가 2인 이상인

때에는 국회의 재적의원 과반수가 출석한 공개 회의에서 다수표를 얻은 자를 당선자로 한다.
③ 대통령후보자가 1인일 때에는 그 득표수가 선거권자 총수의 3분의 1 이상이 아니면 대통령으로 당선될 수 없다.
④ 대통령으로 선거될 수 있는 자는 국회의원의 피선거권이 있고 선거일 현재 40세에 달하여야 한다.
⑤ 대통령의 선거에 관한 사항은 법률로 정한다.

제68조
① 대통령의 임기가 만료되는 때에는 임기만료 70일 내지 40일 전에 후임자를 선거한다.
② 대통령이 궐위된 때 또는 대통령 당선자가 사망하거나 판결 기타의 사유로 그 자격을 상실한 때에는 60일 이내에 후임자를 선거한다.

제69조
대통령은 취임에 즈음하여 다음의 선서를 한다.
"나는 헌법을 준수하고 국가를 보위하며 조국의 평화적 통일과 국민의 자유와 복리의 증진 및 민족문화의 창달에 노력하여 대통령으로서의 직책을 성실히 수행할 것을 국민 앞에 엄숙히 선서합니다."

제70조
대통령의 임기는 5년으로 하며, 중임할 수 없다.

제71조
대통령이 궐위되거나 사고로 인하여 직무를 수행할 수 없을 때에는 국무총리, 법률이 정한 국무위원의 순서로 그 권한을 대행한다.

제72조
대통령은 필요하다고 인정할 때에는 외교·국방·통일 기타 국가안위에 관한 중요정책을 국민투표에 붙일 수 있다.

제73조
대통령은 조약을 체결·비준하고, 외교사절을 신임·접수 또는 파견하며, 선전포고와 강화를 한다.

제74조
① 대통령은 헌법과 법률이 정하는 바에 의하여 국군을 통수한다.
② 국군의 조직과 편성은 법률로 정한다.

제75조
대통령은 법률에서 구체적으로 범위를 정하여 위임받은 사항과 법률을 집행하기 위하여 필요한 사항에 관하여 대통령령을 발할 수 있다.

제76조
① 대통령은 내우·외환·천재·지변 또는 중대한 재정·경제상의 위기에 있어서 국가의 안전보장 또는 공공의 안녕질서를 유지하기 위하여 긴급한 조치가 필요하고 국회의 집회를 기다릴 여유가 없을 때에 한하여 최소한으로 필요한 재정·경제상의 처분을 하거나 이에 관하여 법률의 효력을 가지는 명령을 발할 수 있다.
② 대통령은 국가의 안위에 관계되는 중대한 교전상태에 있어서 국가를 보위하기 위하여 긴급한 조치가 필요하고 국회의 집회가 불가능한 때에 한하여 법률의 효력을 가지는 명령을 발할 수 있다.
③ 대통령은 제1항과 제2항의 처분 또는 명령을 한 때에는 지체없이 국회에 보고하여 그 승인을 얻어야 한다.
④ 제3항의 승인을 얻지 못한 때에는 그 처분 또는 명령은 그때부터 효력을 상실한다. 이 경우 그 명령에 의하여 개정 또는 폐지되었던 법률은 그 명령이 승인을 얻지 못한 때부터 당연히 효력을 회복한다.
⑤ 대통령은 제3항과 제4항의 사유를 지체없이 공포하여야 한다.

제77조
① 대통령은 전시·사변 또는 이에 준하는 국가비

상사태에 있어서 병력으로써 군사상의 필요에 응하거나 공공의 안녕질서를 유지할 필요가 있을 때에는 법률이 정하는 바에 의하여 계엄을 선포할 수 있다.
② 계엄은 비상계엄과 경비계엄으로 한다.
③ 비상계엄이 선포된 때에는 법률이 정하는 바에 의하여 영장제도, 언론·출판·집회·결사의 자유, 정부나 법원의 권한에 관하여 특별한 조치를 할 수 있다.
④ 계엄을 선포한 때에는 대통령은 지체없이 국회에 통고하여야 한다.
⑤ 국회가 재적의원 과반수의 찬성으로 계엄의 해제를 요구한 때에는 대통령은 이를 해제하여야 한다.

제78조
대통령은 헌법과 법률이 정하는 바에 의하여 공무원을 임면한다.

제79조
① 대통령은 법률이 정하는 바에 의하여 사면·감형 또는 복권을 명할 수 있다.
② 일반사면을 명하려면 국회의 동의를 얻어야 한다.
③ 사면·감형 및 복권에 관한 사항은 법률로 정한다.

제80조
대통령은 법률이 정하는 바에 의하여 훈장 기타의 영전을 수여한다.

제81조
대통령은 국회에 출석하여 발언하거나 서한으로 의견을 표시할 수 있다.

제82조
대통령의 국법상 행위는 문서로써 하며, 이 문서에는 국무총리와 관계 국무위원이 부서한다. 군사에 관한 것도 또한 같다.

제83조
대통령은 국무총리·국무위원·행정각부의 장 기타 법률이 정하는 공사의 직을 겸할 수 없다.

제84조
대통령은 내란 또는 외환의 죄를 범한 경우를 제외하고는 재직중 형사상의 소추를 받지 아니한다.

제85조
전직대통령의 신분과 예우에 관하여는 법률로 정한다.

제2절 행정부
제1관 국무총리와 국무위원
제86조
① 국무총리는 국회의 동의를 얻어 대통령이 임명한다.
② 국무총리는 대통령을 보좌하며, 행정에 관하여 대통령의 명을 받아 행정각부를 통할한다.
③ 군인은 현역을 면한 후가 아니면 국무총리로 임명될 수 없다.

제87조
① 국무위원은 국무총리의 제청으로 대통령이 임명한다.
② 국무위원은 국정에 관하여 대통령을 보좌하며, 국무회의의 구성원으로서 국정을 심의한다.
③ 국무총리는 국무위원의 해임을 대통령에게 건의할 수 있다.
④ 군인은 현역을 면한 후가 아니면 국무위원으로 임명될 수 없다.

제2관 국무회의
제88조
① 국무회의는 정부의 권한에 속하는 중요한 정책을 심의한다.

② 국무회의는 대통령·국무총리와 15인이상 30인 이하의 국무위원으로 구성한다.
③ 대통령은 국무회의의 의장이 되고, 국무총리는 부의장이 된다.

제89조
다음 사항은 국무회의의 심의를 거쳐야 한다.
1. 국정의 기본계획과 정부의 일반정책
2. 선전·강화 기타 중요한 대외정책
3. 헌법개정안·국민투표안·조약안·법률안 및 대통령령안
4. 예산안·결산·국유재산처분의 기본계획·국의 부담이 될 계약 기타 재정에 관한 중요사항
5. 대통령의 긴급명령·긴급재정경제처분 및 명령 또는 계엄과 그 해제
6. 군사에 관한 중요사항
7. 국회의 임시회 집회의 요구
8. 영전수여
9. 사면·감형과 복권
10. 행정각부간의 권한의 획정
11. 정부안의 권한의 위임 또는 배정에 관한 기본계획
12. 국정처리상황의 평가·분석
13. 행정각부의 중요한 정책의 수립과 조정
14. 정당해산의 제소
15. 정부에 제출 또는 회부된 정부의 정책에 관계되는 청원의 심사
16. 검찰총장·합동참모의장·각군참모총장·국립대학교총장·대사 기타 법률이 정한 공무원과 국영기업체관리자의 임명
17. 기타 대통령·국무총리 또는 국무위원이 제출한 사항

제90조
① 국정의 중요한 사항에 관한 대통령의 자문에 응하기 위하여 국가원로로 구성되는 국가원로자문회의를 둘 수 있다.
② 국가원로자문회의의 의장은 직전대통령이 된다. 다만, 직전대통령이 없을 때에는 대통령이 지명한다.
③ 국가원로자문회의의 조직·직무범위 기타 필요한 사항은 법률로 정한다.

제91조
① 국가안전보장에 관련되는 대외정책·군사정책과 국내정책의 수립에 관하여 국무회의의 심의에 앞서 대통령의 자문에 응하기 위하여 국가안전보장회의를 둔다.
② 국가안전보장회의는 대통령이 주재한다.
③ 국가안전보장회의의 조직·직무범위 기타 필요한 사항은 법률로 정한다.

제92조
① 평화통일정책의 수립에 관한 대통령의 자문에 응하기 위하여 민주평화통일자문회의를 둘 수 있다.
② 민주평화통일자문회의의 조직·직무범위 기타 필요한 사항은 법률로 정한다.

제93조
① 국민경제의 발전을 위한 중요정책의 수립에 관하여 대통령의 자문에 응하기 위하여 국민경제자문회의를 둘 수 있다.
② 국민경제자문회의의 조직·직무범위 기타 필요한 사항은 법률로 정한다.

제3관 행정각부
제94조
행정각부의 장은 국무위원 중에서 국무총리의 제청으로 대통령이 임명한다.

제95조
국무총리 또는 행정각부의 장은 소관사무에 관하여 법률이나 대통령령의 위임 또는 직권으로 총리령 또는 부령을 발할 수 있다.

제96조
행정각부의 설치·조직과 직무범위는 법률로 정한다.

제4관 감사원

제97조
국가의 세입·세출의 결산, 국가 및 법률이 정한 단체의 회계검사와 행정기관 및 공무원의 직무에 관한 감찰을 하기 위하여 대통령 소속하에 감사원을 둔다.

제98조
① 감사원은 원장을 포함한 5인 이상 11인 이하의 감사위원으로 구성한다.
② 원장은 국회의 동의를 얻어 대통령이 임명하고, 그 임기는 4년으로 하며, 1차에 한하여 중임할 수 있다.
③ 감사위원은 원장의 제청으로 대통령이 임명하고, 그 임기는 4년으로 하며, 1차에 한하여 중임할 수 있다.

제99조
감사원은 세입·세출의 결산을 매년 검사하여 대통령과 차년도국회에 그 결과를 보고하여야 한다.

제100조
감사원의 조직·직무범위·감사위원의 자격·감사대상공무원의 범위 기타 필요한 사항은 법률로 정한다.

제5장 법원

제101조
① 사법권은 법관으로 구성된 법원에 속한다.
② 법원은 최고법원인 대법원과 각급법원으로 조직된다.
③ 법관의 자격은 법률로 정한다.

제102조
① 대법원에 부를 둘 수 있다.
② 대법원에 대법관을 둔다. 다만, 법률이 정하는 바에 의하여 대법관이 아닌 법관을 둘 수 있다.
③ 대법원과 각급법원의 조직은 법률로 정한다.

제103조
법관은 헌법과 법률에 의하여 그 양심에 따라 독립하여 심판한다.

제104조
① 대법원장은 국회의 동의를 얻어 대통령이 임명한다.
② 대법관은 대법원장의 제청으로 국회의 동의를 얻어 대통령이 임명한다.
③ 대법원장과 대법관이 아닌 법관은 대법관회의의 동의를 얻어 대법원장이 임명한다.

제105조
① 대법원장의 임기는 6년으로 하며, 중임할 수 없다.
② 대법관의 임기는 6년으로 하며, 법률이 정하는 바에 의하여 연임할 수 있다.
③ 대법원장과 대법관이 아닌 법관의 임기는 10년으로 하며, 법률이 정하는 바에 의하여 연임할 수 있다.
④ 법관의 정년은 법률로 정한다.

제106조
① 법관은 탄핵 또는 금고이상의 형의 선고에 의하지 아니하고는 파면되지 아니하며, 징계처분에 의하지 아니하고는 정직·감봉 기타 불리한 처분을 받지 아니한다.
② 법관이 중대한 심신상의 장해로 직무를 수행할 수 없을 때에는 법률이 정하는 바에 의하여 퇴직하게 할 수 있다.

제107조
① 법률이 헌법에 위반되는 여부가 재판의 전제가 된 경우에는 법원은 헌법재판소에 제청하여 그 심판에 의하여 재판한다.
② 명령·규칙 또는 처분이 헌법이나 법률에 위반되는 여부가 재판의 전제가 된 경우에는 대법원은 이를 최종적으로 심사할 권한을 가진다.
③ 재판의 전심절차로서 행정심판을 할 수 있다. 행정심판의 절차는 법률로 정하되, 사법절차가 준용되어야 한다.

제108조
대법원은 법률에서 저촉되지 아니하는 범위안에서 소송에 관한 절차, 법원의 내부규율과 사무처리에 관한 규칙을 제정할 수 있다.

제109조
재판의 심리와 판결은 공개한다. 다만, 심리는 국가의 안전보장 또는 안녕질서를 방해하거나 선량한 풍속을 해할 염려가 있을 때에는 법원의 결정으로 공개하지 아니할 수 있다.

제110조
① 군사재판을 관할하기 위하여 특별법원으로서 군사법원을 둘 수 있다.
② 군사법원의 상고심은 대법원에서 관할한다.
③ 군사법원의 조직·권한 및 재판관의 자격은 법률로 정한다.
④ 비상계엄하의 군사재판은 군인·군무원의 범죄나 군사에 관한 간첩죄의 경우와 초병·초소·유독음식물공급·포로에 관한 죄중 법률이 정한 경우에 한하여 단심으로 할 수 있다. 다만, 사형을 선고한 경우에는 그러하지 아니하다.

제6장 헌법재판소

제111조
① 헌법재판소는 다음 사항을 관장한다.
1. 법원의 제청에 의한 법률의 위헌여부 심판
2. 탄핵의 심판
3. 정당의 해산 심판
4. 국가기관 상호간, 국가기관과 지방자치단체간 및 지방자치단체 상호간의 권한쟁의에 관한 심판
5. 법률이 정하는 헌법소원에 관한 심판
② 헌법재판소는 법관의 자격을 가진 9인의 재판관으로 구성하며, 재판관은 대통령이 임명한다.
③ 제2항의 재판관중 3인은 국회에서 선출하는 자를, 3인은 대법원장이 지명하는 자를 임명한다.
④ 헌법재판소의 장은 국회의 동의를 얻어 재판관중에서 대통령이 임명한다.

제112조
① 헌법재판소 재판관의 임기는 6년으로 하며, 법률이 정하는 바에 의하여 연임할 수 있다.
② 헌법재판소 재판관은 정당에 가입하거나 정치에 관여할 수 없다.
③ 헌법재판소 재판관은 탄핵 또는 금고이상의 형의 선고에 의하지 아니하고는 파면되지 아니한다.

제113조
① 헌법재판소에서 법률의 위헌결정, 탄핵의 결정, 정당해산의 결정 또는 헌법소원에 관한 인용결정을 할 때에는 재판관 6인 이상의 찬성이 있어야 한다.
② 헌법재판소는 법률에 저촉되지 아니하는 범위안에서 심판에 관한 절차, 내부규율과 사무처리에 관한 규칙을 제정할 수 있다.
③ 헌법재판소의 조직과 운영 기타 필요한 사항은 법률로 정한다.

제7장 선거관리

제114조
① 선거와 국민투표의 공정한 관리 및 정당에 관한 사무를 처리하기 위하여 선거관리위원회를 둔다.
② 중앙선거관리위원회는 대통령이 임명하는 3인, 국회에서 선출하는 3인과 대법원장이 지명하는 3인의 위원으로 구성한다. 위원장은 위원중에서 호선한다.
③ 위원의 임기는 6년으로 한다.
④ 위원은 정당에 가입하거나 정치에 관여할 수 없다.
⑤ 위원은 탄핵 또는 금고이상의 형의 선고에 의하지 아니하고는 파면되지 아니한다.
⑥ 중앙선거관리위원회는 법령의 범위안에서 선거관리·국민투표관리 또는 정당사무에 관한 규칙을 제정할 수 있으며, 법률에 저촉되지 아니하는 범위안에서 내부규율에 관한 규칙을 제정할 수 있다.
⑦ 각급 선거관리위원회의 조직·직무범위 기타 필요한 사항은 법률로 정한다.

제115조
① 각급 선거관리위원회는 선거인명부의 작성등 선거사무와 국민투표사무에 관하여 관계 행정기관에 필요한 지시를 할 수 있다.
② 제1항의 지시를 받은 당해 행정기관은 이에 응하여야 한다.

제116조
① 선거운동은 각급 선거관리위원회의 관리하에 법률이 정하는 범위안에서 하되, 균등한 기회가 보장되어야 한다.
② 선거에 관한 경비는 법률이 정하는 경우를 제외하고는 정당 또는 후보자에게 부담시킬 수 없다.

제8장 지방자치

제117조
① 지방자치단체는 주민의 복리에 관한 사무를 처리하고 재산을 관리하며, 법령의 범위안에서 자치에 관한 규정을 제정할 수 있다.
② 지방자치단체의 종류는 법률로 정한다.

제118조
① 지방자치단체에 의회를 둔다.
② 지방의회의 조직·권한·의원선거와 지방자치단체의 장의 선임방법 기타 지방자치단체의 조직과 운영에 관한 사항은 법률로 정한다.

제 9 장 경제

제119조
① 대한민국의 경제질서는 개인과 기업의 경제상의 자유와 창의를 존중함을 기본으로 한다.
② 국가는 균형있는 국민경제의 성장 및 안정과 적정한 소득의 분배를 유지하고, 시장의 지배와 경제력의 남용을 방지하며, 경제주체간의 조화를 통한 경제의 민주화를 위하여 경제에 관한 규제와 조정을 할 수 있다.

제120조
① 광물 기타 중요한 지하자원·수산자원·수력과 경제상 이용할 수 있는 자연력은 법률이 정하는 바에 의하여 일정한 기간 그 채취·개발 또는 이용을 특허할 수 있다.
② 국토와 자원은 국가의 보호를 받으며, 국가는 그 균형있는 개발과 이용을 위하여 필요한 계획을 수립한다.

제121조
① 국가는 농지에 관하여 경자유전의 원칙이 달성될 수 있도록 노력하여야 하며, 농지의 소작제도

는 금지된다.
② 농업생산성의 제고와 농지의 합리적인 이용을 위하거나 불가피한 사정으로 발생하는 농지의 임대차와 위탁경영은 법률이 정하는 바에 의하여 인정된다.

제122조
국가는 국민 모두의 생산 및 생활의 기반이 되는 국토의 효율적이고 균형있는 이용·개발과 보전을 위하여 법률이 정하는 바에 의하여 그에 관한 필요한 제한과 의무를 과할 수 있다.

제123조
① 국가는 농업 및 어업을 보호·육성하기 위하여 농·어촌종합개발과 그 지원등 필요한 계획을 수립·시행하여야 한다.
② 국가는 지역간의 균형있는 발전을 위하여 지역경제를 육성할 의무를 진다.
③ 국가는 중소기업을 보호·육성하여야 한다.
④ 국가는 농수산물의 수급균형과 유통구조의 개선에 노력하여 가격안정을 도모함으로써 농·어민의 이익을 보호한다.
⑤ 국가는 농·어민과 중소기업의 자조조직을 육성하여야 하며, 그 자율적 활동과 발전을 보장한다.

제124조
국가는 건전한 소비행위를 계도하고 생산품의 품질향상을 촉구하기 위한 소비자보호운동을 법률이 정하는 바에 의하여 보장한다.

제125조
국가는 대외무역을 육성하며, 이를 규제·조정할 수 있다.

제126조
국방상 또는 국민경제상 긴절한 필요로 인하여 법률이 정하는 경우를 제외하고는, 사영기업을 국유 또는 공유로 이전하거나 그 경영을 통제 또는 관리할 수 없다.

제127조
① 국가는 과학기술의 혁신과 정보 및 인력의 개발을 통하여 국민경제의 발전에 노력하여야 한다.
② 국가는 국가표준제도를 확립한다.
③ 대통령은 제1항의 목적을 달성하기 위하여 필요한 자문기구를 둘 수 있다.

제 10 장 헌법개정

제128조
① 헌법개정은 국회재적의원 과반수 또는 대통령의 발의로 제안된다.
② 대통령의 임기연장 또는 중임변경을 위한 헌법개정은 그 헌법개정 제안 당시의 대통령에 대하여는 효력이 없다.

제129조
제안된 헌법개정안은 대통령이 20일 이상의 기간 이를 공고하여야 한다.

제130조
① 국회는 헌법개정안이 공고된 날로부터 60일 이내에 의결하여야 하며, 국회의 의결은 재적의원 3분의 2 이상의 찬성을 얻어야 한다.
② 헌법개정안은 국회가 의결한 후 30일 이내에 국민투표에 붙여 국회의원선거권자 과반수의 투표와 투표자 과반수의 찬성을 얻어야 한다.
③ 헌법개정안이 제2항의 찬성을 얻은 때에는 헌법개정은 확정되며, 대통령은 즉시 이를 공포하여야 한다.

부칙 〈헌법 제10호, 1987.10.29〉

제1조
이 헌법은 1988년 2월 25일부터 시행한다. 다만, 이 헌법을 시행하기 위하여 필요한 법률의 제정·개정과 이 헌법에 의한 대통령 및 국회의원의 선거 기타 이 헌법시행에 관한 준비는 이 헌법시행 전에 할 수 있다.

제2조
① 이 헌법에 의한 최초의 대통령선거는 이 헌법시행일 40일 전까지 실시한다.
② 이 헌법에 의한 최초의 대통령의 임기는 이 헌법 시행일로부터 개시한다.

제3조
① 이 헌법에 의한 최초의 국회의원선거는 이 헌법 공포일로부터 6월 이내에 실시하며, 이 헌법에 의하여 선출된 최초의 국회의원의 임기는 국회의원선거후 이 헌법에 의한 국회의 최초의 집회일로부터 개시한다.
② 이 헌법공포 당시의 국회의원의 임기는 제1항에 의한 국회의 최초의 집회일 전일까지로 한다.

제4조
① 이 헌법시행 당시의 공무원과 정부가 임명한 기업체의 임원은 이 헌법에 의하여 임명된 것으로 본다. 다만, 이 헌법에 의하여 선임방법이나 임명권자가 변경된 공무원과 대법원장 및 감사원장은 이 헌법에 의하여 후임자가 선임될 때까지 그 직무를 행하며, 이 경우 전임자인 공무원의 임기는 후임자가 선임되는 전일까지로 한다.
② 이 헌법시행 당시의 대법원장과 대법원판사가 아닌 법관은 제1항 단서의 규정에 불구하고 이 헌법에 의하여 임명된 것으로 본다.
③ 이 헌법중 공무원의 임기 또는 중임제한에 관한 규정은 이 헌법에 의하여 그 공무원이 최초로 선출 또는 임명된 때로부터 적용한다.

제5조
이 헌법시행 당시의 법령과 조약은 이 헌법에 위배되지 아니하는 한 그 효력을 지속한다.

제6조
이 헌법시행 당시에 이 헌법에 의하여 새로 설치될 기관의 권한에 속하는 직무를 행하고 있는 기관은 이 헌법에 의하여 새로운 기관이 설치될 때까지 존속하며 그 직무를 행한다.